U0480705

行为金融视角下的人民币汇率形成机理及最优波动区间研究

A Study on RMB Exchange Rate Formation Mechanism and the Optimal Exchange Rate Band in the Perspective of Behavioral Finance

陈 华 著

经济管理出版社
ECONOMY & MANAGEMENT PUBLISHING HOUSE

图书在版编目（CIP）数据

行为金融视角下的人民币汇率形成机理及最优波动区间研究/陈华著.—北京：经济管理出版社，2019.3
ISBN 978-7-5096-6430-8

Ⅰ.①行…　Ⅱ.①陈…　Ⅲ.①人民币汇率—汇率波动—研究　Ⅳ.①F832.63

中国版本图书馆 CIP 数据核字（2019）第 040828 号

组稿编辑：宋　娜
责任编辑：张　昕　张玉珠
责任印制：黄章平
责任校对：董杉珊

出版发行：经济管理出版社
　　　　　（北京市海淀区北蜂窝 8 号中雅大厦 A 座 11 层　100038）
网　　址：www.E-mp.com.cn
电　　话：（010）51915602
印　　刷：三河市延风印装有限公司
经　　销：新华书店
开　　本：720mm×1000mm/16
印　　张：12.75
字　　数：209 千字
版　　次：2019 年 7 月第 1 版　2019 年 7 月第 1 次印刷
书　　号：ISBN 978-7-5096-6430-8
定　　价：98.00 元

·版权所有　翻印必究·

凡购本社图书，如有印装错误，由本社读者服务部负责调换。
联系地址：北京阜外月坛北小街 2 号
电话：（010）68022974　　邮编：100836

第七批《中国社会科学博士后文库》
编委会及编辑部成员名单

（一）编委会

主　任：王京清

副主任：马　援　张冠梓　高京斋　俞家栋　夏文峰

秘书长：邱春雷　张国春

成　员（按姓氏笔划排序）：

卜宪群　王建朗　方　勇　邓纯东　史　丹　朱恒鹏　刘丹青

刘玉宏　刘跃进　孙壮志　孙海泉　李　平　李向阳　李国强

李新烽　杨世伟　吴白乙　何德旭　汪朝光　张　翼　张车伟

张宇燕　张星星　陈　甦　陈众议　陈星灿　卓新平　房　宁

赵天晓　赵剑英　胡　滨　袁东振　黄　平　朝戈金　谢寿光

潘家华　冀祥德　穆林霞　魏后凯

（二）编辑部（按姓氏笔划排序）：

主　任：高京斋

副主任：曲建君　李晓琳　陈　颖　薛万里

成　员：王　芳　王　琪　刘　杰　孙大伟　宋　娜　陈　效

　　　　苑淑娅　姚冬梅　梅　玫　黎　元

本书获国家自然科学基金青年项目（批准号：71703165）和
国家社会科学基金青年项目（批准号：15CGL012）的资助

序 言

博士后制度在我国落地生根已逾30年，已经成为国家人才体系建设中的重要一环。30多年来，博士后制度对推动我国人事人才体制机制改革、促进科技创新和经济社会发展发挥了重要的作用，也培养了一批国家急需的高层次创新型人才。

自1986年1月开始招收第一名博士后研究人员起，截至目前，国家已累计招收14万余名博士后研究人员，已经出站的博士后大多成为各领域的科研骨干和学术带头人。其中，已有50余位博士后当选两院院士；众多博士后入选各类人才计划，其中，国家百千万人才工程年入选率达34.36%，国家杰出青年科学基金入选率平均达21.04%，教育部"长江学者"入选率平均达10%左右。

2015年底，国务院办公厅出台《关于改革完善博士后制度的意见》，要求各地各部门各设站单位按照党中央、国务院决策部署，牢固树立并切实贯彻创新、协调、绿色、开放、共享的发展理念，深入实施创新驱动发展战略和人才优先发展战略，完善体制机制，健全服务体系，推动博士后事业科学发展。这为我国博士后事业的进一步发展指明了方向，也为哲学社会科学领域博士后工作提出了新的研究方向。

习近平总书记在2016年5月17日全国哲学社会科学工作座谈会上发表重要讲话指出：一个国家的发展水平，既取决于自然科学发展水平，也取决于哲学社会科学发展水平。一个没有发达的自然科学的国家不可能走在世界前列，一个没有繁荣的哲学社会科学的国家也不可能走在世界前列。坚持和发展中国特色社会主义，需要不断在实践中和理论上进行探索、用发展着的理论指导发展着的实践。在这个过程中，哲学社会科学具有不可替代的重要地位，哲学社会科学工作者具有不可替代的重要作用。这是党和国家领导人对包括哲学社会科学博士后在内的所有哲学社会科学领域的研究者、工作者提出的殷切希望！

中国社会科学院是中央直属的国家哲学社会科学研究机构，在哲学社会科学博士后工作领域处于领军地位。为充分调动哲学社会科学博士后研究人员科研创新的积极性，展示哲学社会科学领域博士后的优秀成果，提高我国哲学社会科学发展的整体水平，中国社会科学院和全国博士后管理委员会于2012年联合推出了《中国社会科学博士后文库》（以下简称《文库》），每年在全国范围内择优出版博士后成果。经过多年的发展，《文库》已经成为集中、系统、全面反映我国哲学社会科学博士后优秀成果的高端学术平台，学术影响力和社会影响力逐年提高。

下一步，做好哲学社会科学博士后工作，做好《文库》工作，要认真学习领会习近平总书记系列重要讲话精神，自觉肩负起新的时代使命，锐意创新、发奋进取。为此，需做到：

第一，始终坚持马克思主义的指导地位。哲学社会科学研究离不开正确的世界观、方法论的指导。习近平总书记深刻指出：坚持以马克思主义为指导，是当代中国哲学社会科学区别于其他哲学社会科学的根本标志，必须旗帜鲜明加以坚持。马克思主义揭示了事物的本质、内在联系及发展规律，是"伟大的认识工具"，是人们观察世界、分析问题的有力思想武器。马克思主义尽管诞生在一个半多世纪之前，但在当今时代，马克思主义与新的时代实践结合起来，越来越显示出更加强大的生命力。哲学社会科学博士后研究人员应该更加自觉地坚持马克思主义在科研工作中的指导地位，继续推进马克思主义中国化、时代化、大众化，继续发展21世纪马克思主义、当代中国马克思主义。要继续把《文库》建设成为马克思主义中国化最新理论成果宣传、展示、交流的平台，为中国特色社会主义建设提供强有力的理论支撑。

第二，逐步树立智库意识和品牌意识。哲学社会科学肩负着回答时代命题、规划未来道路的使命。当前中央对哲学社会科学愈加重视，尤其是提出要发挥哲学社会科学在治国理政、提高改革决策水平、推进国家治理体系和治理能力现代化中的作用。从2015年开始，中央已启动了国家高端智库的建设，这对哲学社会科学博士后工作提出了更高的针对性要求，也为哲学社会科学博士后研究提供了更为广阔的应用空间。《文库》依托中国社会科学院，面向全国哲学社会科学领域博士后科研流动站、工作站的博士后征集优秀成果，入选出版的著作也代表了哲学社会科学博士后最高的学术研究水平。因此，要善于把中国社会科学院服务党和国家决策的大智库功能与《文库》的小智库功能结合起来，进而以智库意识推动品牌意识建设，最终树立《文库》的智库意识和品牌意识。

第三，积极推动中国特色哲学社会科学学术体系和话语体系建设。改革开放30多年来，我国在经济建设、政治建设、文化建设、社会建设、生态文明建设和党的建设各个领域都取得了举世瞩目的成就，比历史上任何时期都更接近中华民族伟大复兴的目标。但正如习近平总书记所指出的那样：在解读中国实践、构建中国理论上，我们应该最有发言权，但实际上我国哲学社会科学在国际上的声音还比较小，还处于"有理说不出、说了传不开"的境地。这里问题的实质，就是中国特色、中国特质的哲学社会科学学术体系和话语体系的缺失和建设问题。具有中国特色、中国特质的学术体系和话语体系必然是由具有中国特色、中国特质的概念、范畴和学科等组成。这一切不是凭空想象得来的，而是在中国化的马克思主义指导下，在参考我们民族特质、历史智慧的基础上再创造出来的。在这一过程中，积极吸纳儒、释、道、墨、名、法、农、杂、兵等各家学说的精髓，无疑是保持中国特色、中国特质的重要保证。换言之，不能站在历史、文化虚无主义立场搞研究。要通过《文库》积极引导哲学社会科学博士后研究人员：一方面，要积极吸收古今中外各种学术资源，坚持古为今用、洋为中用。另一方面，要以中国自己的实践为研究定位，围绕中国自己的问题，坚持问题导向，努力探索具备中国特色、中国特质的概念、范畴与理论体系，在体现继承性和民族性、体现原创性和时代性、体现系统性和专业性方面，不断加强和深化中国特色学术体系和话语体系建设。

新形势下，我国哲学社会科学地位更加重要、任务更加繁重。衷心希望广大哲学社会科学博士后工作者和博士后们，以《文库》系列著作的出版为契机，以习近平总书记在全国哲学社会科学座谈会上的讲话为根本遵循，将自身的研究工作与时代的需求结合起来，将自身的研究工作与国家和人民的召唤结合起来，以深厚的学识修养赢得尊重，以高尚的人格魅力引领风气，在为祖国、为人民立德立功立言中，在实现中华民族伟大复兴中国梦的征程中，成就自我、实现价值。

是为序。

中国社会科学院副院长
中国社会科学院博士后管理委员会主任
2016 年 12 月 1 日

摘 要

随着人民币汇率制度改革的进一步深化，人民币汇率形成机制的市场化特征正逐步显现，亟须更加贴近现实的汇率理论为人民币汇率形成机制的未来改革方向提供理论依据和现实指导。本书的研究特色是，首次将行为金融学的理论和方法引入有关人民币汇率决定、央行外汇干预渠道和最优汇率波动区间的研究中。

第一，从行为金融理论的视角出发，假定人民币外汇市场中微观个体存在交易者预期异质性、不完美的认知能力、试错行为等非理性行为，并综合央行政策干预因素和宏观经济基本面变量，构建了基于行为金融视角的人民币汇率决定模型，然后提出相应的实证检验方法，实证研究汇率改革（以下简称汇改）后人民币外汇市场上异质性交易者的比例变化、风险厌恶系数、预期规则等行为特征，首次揭示了人民币外汇市场中微观交易者的市场行为。

第二，基于行为金融的视角，本书提出除了信号渠道、资产组合渠道和微观市场结构渠道之外，还存在第四个央行干预渠道，即交易者异质性渠道，构建了关于交易者异质性、央行干预效力与人民币汇率变动的实证框架，然后利用马尔科夫机制转换方法，实证研究了在人民币外汇市场中，央行干预对异质性交易者比例的变化以及由此而导致汇率变动的影响。研究发现，汇改后人民币汇率变动幅度的扩大，主要是一个市场行为的结果，而非政策变动的结果，这意味着市场因素在人民币汇率的形成中的重要性开始凸显。同时，本书基于人民币汇率形成机制市场化的背景，从外汇市场交易者异质性的微观假定出发，理论研究央行干预对汇率失调程度存在的可能影响，并建立相应的实证框架，检验和评价自 2005 年汇改以来，央行干预是否更好地促进人民币汇率均衡。研究结果表明，在汇改以来的大部分时期里，央行干预有效促进了人民币汇率均衡。

第三，本书在传统的宏观经济模型中引入交易者异质性假定，然后基于修正的传统宏观经济模型，对人民币汇率的最优波动区间进行研究。具体而言，本书首先根据宏观经济稳定性标准，关注汇率波动区间与汇率失调、宏观经济失衡之间的关系，从理论上研究中间汇率制度下的汇率最优波动区间，发现了所谓汇率波动区间"中间陷阱"的存在，并提出相应的实证检验思想及方法。其次，本书基于交易者异质性的假定研究了汇率波动区间与货币政策独立性之间的关系，试图从微观交易者行为的途径去寻找"三元悖论"之解，并对"三元悖论"无法被经验证据有力支持的现象进行解释。研究发现，当不考虑交易者异质性行为时，货币政策独立性与汇率波动区间呈"拉长"的倒"N"型关系，而在考虑交易者异质性行为之后，在某些区域，货币政策独立性与汇率波动区间之间的关系不能确定，这意味着在实证方面，学者们发现货币政策独立性与汇率波动区间没有系统性关系的原因可能与交易者异质性行为有关，而在某些区域，无论是否考虑交易者异质性行为，货币政策独立性与汇率波动区间都呈反向关系，这意味着"三元悖论"可解，且从宏观经济稳定性标准来看，这些区域处于"中间陷阱"之外，也是最优的，因此本书将其称为汇率波动区间的最优区域。

第四，本书对现行人民币汇率波动区间进行了实证检验，研究结果发现，无论是基于宏观经济稳定性标准，还是基于货币政策独立性标准，现行的人民币汇率波动区间都不是最优的，因此本书认为，扩大人民币汇率的波动区间是人民币汇率制度改革的进一步方向。

关键词：汇率决定理论；最优汇率波动区间；行为金融学；央行干预；人民币汇率均衡

Abstract

With the further ongoing revolution of RMB exchange rate regime, RMB exchange rate formation mechanism is more and more market-oriented, thus it's essential to advance more realistic exchange rate theory to provide theoretical basis and practical guidance for the further reform and improvement of RMB exchange rate formation mechanism. The distinguishing feature of this book is the introduction of behavioral finance into the study on exchange rate formation, central bank intervention and the optimal exchange rate band. The work conducted by this book could be summarized as followed:

Firstly, from the perspective of behavioral finance and based on the assumption of the micro-individual's irrational behavior in RMB foreign exchange market including expectation heterogeneity, imperfect cognitive ability and "trial and error" action, this book constructs a determination model of RMB exchange rate in the framework of behavioral finance in which the determination factors include central bank intervention and macroeconomic fundamentals as well, and then advances the corresponding test method by which this book empirically studies the trader heterogeneity characteristic in RMB foreign exchange market after the reform started in 2005, such as the heterogeneous traders' changing ratio, risk aversion coefficient as well as different expectation rules, making known micro-individual's behavior in RMB foreign exchange market at the first time.

Secondly, also from the perspective of behavioral finance, this book advances that there's another central bank intervention channel, namely trader heterogeneity channel, besides signal channel, asset portfolio channel and micro-market structure channel and then builds up an empirical framework to show the link among trader heterogeneity, central bank intervention and RMB exchange rate's change. After that, this book applies the Markov regime switching method to empirically study the influence of the central bank intervention in RMB foreign exchange rate market on the heterogeneous traders' ratio and the corresponding impact on RMB exchange rate's change, which shows that RMB exchange rate's volatility increase after the reform is caused by market action rather than central policy adjustment, thus we could conclude that the market factor in the RMB exchange rate's formation is more and more important. And then based on the fact the formation mechanism of RMB exchange rate is more and more market-oriented, this book theoretically studies the effect of central bank intervention on the RMB's misalignment under the assumption of trader heterogeneity, and then build up the corresponding empirical framework. It's lastly showed that central bank intervention helps RMB exchange rate approach its equilibrium level during the most period from 2005 year.

Thirdly, this book modifies the traditional macroeconomic model by introducing the assumption of trader heterogeneity into the study on RMB exchange rate's optimal band. Exactly speaking, this book at first pays close attention on the link among exchange rate band, exchange rate misalignment and macroeconomic misalignment to conduct a theoretical study on the optimal exchange rate band in the intermediate exchange rate regime from the perspective of macroeconomic stability standard, in which this book discovers the so-called exchange rate band's "intermediate trap" and advances the corresponding test thought and method. Besides that, the connection between exchange rate band and monetary policy independence is also studied based on the assumption of trader heterogeneity in order to search the resolution of "impossible trinity" and explain the phenomenon that "impossible trinity" cannot be strongly proved by the empirical evidence from the perspective of micro trader behavior. It's found that for some area the connection

Abstract

between exchange rate band and monetary policy independence could be described as a curve alike a stretched and inverted "N" if trader heterogeneous behavior is neglected, however is uncertain if trader heterogeneous behavior is took into account, which means that it could be ascribed to trader heterogeneous behavior that there's no systematic connection between exchange rate band and monetary policy independence, showed by the empirical studies conducted by some researchers. But despite whether considering trader heterogeneous behavior or not, there's negative relation between exchange rate band and monetary policy independence for some area, which also is out of aforementioned "intermediate trap" and thus could be seen as the optimal exchange rate band, meaning that "impossible trinity" could be solvable.

Fourthly, This book empirically tests whether the current RMB exchange rate is optimal, and finds that the answer is "not", regardless from the perspective of macroeconomic stability standard or monetary policy independence standard, so we propose that to enlarge RMB exchange rate band should be the further direction of revolution of RMB exchange rate regime.

Key Words: Exchange Rate's Determination Theory; The Optimal Exchange Rate Band; Behavior Finance; Central Bank Intervention; RMB Equilibrium Exchange Rate

目 录

第一章 导 论 … 1
第一节 研究背景 … 1
第二节 研究新意与思路 … 2
一、基于行为金融视角对人民币汇率决定的研究 … 2
二、关于央行干预对汇率决定的影响效力的研究 … 5
三、对中间汇率制度国家如何选择汇率最优波动区间的研究 … 7
四、外汇市场交易者异质性假定在传统宏观经济模型中的引入 … 8
第三节 内容安排 … 9
第四节 研究不足与进一步研究方向 … 12

第二章 人民币汇率制度改革回顾与述评 … 13
第一节 人民币汇率制度改革 … 13
第二节 人民币汇率制度改革与外汇衍生品市场的发展 … 17
一、境内 DF 市场 … 17
二、人民币掉期交易市场 … 18
三、人民币境外 NDF 市场 … 18
四、人民币境外期货、期权市场 … 19
第三节 人民币汇率制度改革与人民币国际化 … 20
一、人民币国际化进展 … 20
二、人民币国际化带来的跨境资金流动 … 24
三、人民币国际化要求进一步提高人民币汇率形成的市场化程度 … 26

第三章 行为金融视角下的人民币汇率决定模型：理论与实证 ·········· 27

第一节 文献综述：行为金融学与汇率决定理论 ·········· 27
一、行为金融学 ·········· 27
二、汇率决定理论的发展 ·········· 32
三、行为金融视角下的汇率决定模型 ·········· 34

第二节 行为金融视角下的人民币汇率决定理论模型 ·········· 39
第三节 实证方法：Unscented 卡尔曼滤波 ·········· 44
第四节 实证结果与分析 ·········· 47
一、数据选取与处理 ·········· 47
二、模型的估计与检验 ·········· 47
三、估计结果与分析 ·········· 48

第五节 小结 ·········· 54

第四章 央行干预与人民币汇率决定：基于行为金融的视角 ·········· 57

第一节 文献综述：央行干预与汇率决定 ·········· 57
一、央行干预的定义 ·········· 57
二、央行干预对汇率决定的影响渠道 ·········· 57

第二节 交易者异质性行为、央行干预效力与人民币汇率的决定：一个实证框架 ·········· 60

第三节 实证结果与分析 ·········· 63
一、交易者的异质性特征 ·········· 65
二、央行干预效力 ·········· 68
三、汇改后人民币汇率变动幅度的市场机理解释 ·········· 69

第四节 小结 ·········· 70

第五章 央行干预与人民币汇率均衡：基于行为金融的视角 ·········· 73

第一节 问题的提出 ·········· 73
第二节 理论分析 ·········· 75

一、交易者异质性假定 …… 75
　　二、宏观模型 …… 76
　　三、央行干预对汇率失调的影响 …… 78
第三节　实证模型：ESTAR 模型 …… 79
第四节　实证研究 …… 80
　　一、央行干预指数的测算 …… 80
　　二、人民币汇率失调程度的测算 …… 81
　　三、央行干预使得人民币汇率更加均衡吗 …… 85
第五节　小结 …… 89

第六章　行为金融视角下的汇率最优波动区间研究：基于宏观经济稳定性的标准 …… 91

第一节　文献综述：最优汇率波动区间的选择 …… 91
　　一、宏观经济稳定性标准 …… 91
　　二、金融稳定性标准 …… 93
　　三、货币政策独立性标准 …… 94
　　四、居民福利标准 …… 96
　　五、评论 …… 97
第二节　汇率波动区间"中间陷阱"的发现 …… 98
　　一、交易者行为的异质性假定 …… 98
　　二、宏观模型 …… 99
　　三、"中间陷阱"的存在与经济学解释 …… 102
第三节　实证检验思想及方法 …… 105
第四节　有关人民币汇率波动区间的实证研究 …… 107
　　一、人民币外汇市场异质性交易者的比例变化 …… 107
　　二、"中间陷阱"的实证检验 …… 108
第五节　小结 …… 109

第七章　行为金融视角下的汇率最优波动区间研究：基于货币政策独立性的标准 …… 111

第一节　"三元悖论" …… 111
　　一、米德冲突和丁伯根法则 …… 111

二、Mundell-Fleming 模型 …………………………………… 112
　　三、"三元悖论"的正式提出 ………………………………… 114

第二节　异质性交易者行为与"三元悖论"之解 ………………… 115
　　一、Olivier-Andrew 模型 ……………………………………… 116
　　二、技术分析者比例、汇率稳定和货币政策独立性 ………… 120

第三节　实证研究 …………………………………………………… 124
　　一、本书结论的经验证据 ……………………………………… 124
　　二、关于人民币汇率最优波动区间的实证研究：基于货币
　　　　政策独立性标准 …………………………………………… 128

第四节　小结 ………………………………………………………… 129

第八章　主要结论与政策建议 …………………………………………… 131

第一节　主要结论 …………………………………………………… 132
　　一、人民币外汇市场中交易者的异质性行为特征 …………… 132
　　二、汇改后人民币汇率形成中市场行为和央行干预因素 …… 132
　　三、汇率波动区间"中间陷阱"的发现及实证检验方法的
　　　　提出 ………………………………………………………… 134
　　四、"三元悖论"之解的寻找及对"三元悖论"受到实证
　　　　质疑的解释 ………………………………………………… 134
　　五、对现行人民币汇率波动区间的评价 ……………………… 135

第二节　政策建议 …………………………………………………… 136
　　一、继续提高人民币汇率形成机制的市场化程度，使
　　　　人民币汇率更好地反映市场供求关系 …………………… 136
　　二、央行干预应该注重对外汇市场中微观交易者行为的
　　　　关注和把握，以提高央行干预的有效性 ………………… 137
　　三、进一步扩大人民币汇率的波动区间，提高人民币汇率
　　　　制度弹性，有助于我国宏观经济稳定性和货币政策独
　　　　立性的实现 ………………………………………………… 137
　　四、继续完善人民币汇率制度改革和外汇市场基础设施建设，
　　　　为人民币国际化的成功实现打下坚实基础 ……………… 138

附录1	139
附录2	143
附录3	145
参考文献	147
索　引	163
后　记	167
专家推荐表	169

Contents

Chapter I　Introduction ·· 1

　Section I　Backgrounds ·· 1
　Section II　Innovations and Research Ideas ······················ 2
　　　First, Study on RMB Exchange Rate Formation from the
　　　　　　Perspective of Behavioral Finance ······················ 2
　　　Second, Study on the Effect of Central Bank Intervention on
　　　　　　the Exchange Rate Formation ··························· 5
　　　Third, Study on How the Countries under the Intermediate
　　　　　　Foreign Exchange Rate Regime Choose the Optimal
　　　　　　Exchange Rate Band ······································· 7
　　　Fourth, Introduction of Trader Heterogeneity in the Froegin
　　　　　　Exchange Rate Market into the Traditional Macroeconomic
　　　　　　Models ··· 8
　Section III　Designed Structure ····································· 9
　Section IV　Inadequacies and Further Research Directions ······ 12

Chapter II　Review on the Revolution of RMB Exchange Rate
　　　　　　Regime ·· 13

　Section I　Reform of RMB Exchange Rale System ·············· 13
　Section II　The Revolution of RMB Exchange Rate and RMB
　　　　　　Spot Market's Development ······························ 17
　　　First, RMB On-shore DF Market ································ 17
　　　Second, RMB On-shore Swap Market ·························· 18
　　　Third, RMB Off-shore NDF Market ···························· 18

  Fourth, RMB Off-shore Futures and Option Market 19
 Section Ⅲ The Revolution of RMB Exchange Rate and RMB
       Internationalization 20
  First, RMB Internationlization 20
  Second, RMB Capital Flow 24
  Third, RMB Need to be More Flexible 26

Chapter Ⅲ RMB Exchange Rate Formation Model from the
      Perspective of Behavioral Finance: Theory and
      Evidence 27

 Section Ⅰ Literature 27
  First, Behavioral Finance 27
  Second, Development of Exchange Rate Fomation Theory 32
  Third, Exchange Rate Formation Model from the Perspective
     of Behavioral Finance 34
 Section Ⅱ Theorial Model 39
 Section Ⅲ Empirical Method: Unscented Kalman Filter 44
 Section Ⅳ Empirical Result and Anaylisis 47
  First, Data 47
  Second, Model's Estimation and Test 47
  Third, Estimation Result and Analysis 48
 Section Ⅴ Summary 54

Chapter Ⅳ Effect of Central Bank Intervention on RMB Exchange
      Rate Formation from the Perspective of Behavioral
      Finance 57

 Section Ⅰ Literature 57
  First, Definition of Central Bank Intervention 57
  Second, Central Bank Intervention's Effect Channel 57
 Section Ⅱ Empirical Framwork 60
 Section Ⅲ Empirical Evidence and Analysis 63
  First, Traders' Heterogeneous Characteristic 65

    Second, Central Bank Intervention's Effect ……………… 68
    Third, Explanation on RMB Exchange Rate's Change ……… 69
  Section Ⅳ Summary ………………………………………… 70

Chapter Ⅴ Effect of Central Bank Intervention on RMB Exchange Rate Equilibrium from the Perspective of Behavioral Finance …………………………………………………… 73

  Section Ⅰ Inovation ………………………………………… 73
  Section Ⅱ Theoretical Analysis …………………………… 75
    First, Traders' Heterogeneous Assumption ……………… 75
    Second, Macroeconomic Model …………………………… 76
    Third, Central Bank Intervention's Effect ……………… 78
  Section Ⅲ Empirical Model ………………………………… 79
  Section Ⅳ Empirical Result ………………………………… 80
    First, Central Bank Intervention Index ………………… 80
    Second, RMB Exchange Rate's Disequilibrium ………… 81
    Third, Central Bank Intervention's Effect ……………… 85
  Section Ⅴ Summary ………………………………………… 90

Chapter Ⅵ Study on the Optimal Exchange Rate Band from the Perspective of Behavioral Finance: Based on Macroeconomic Stability Standard ……………………… 91

  Section Ⅰ Literature ………………………………………… 91
    First, Macroeconomic Stability Standard ……………… 91
    Second, Financial Stability Standard …………………… 93
    Third, Monetary Policy Independence Standard ……… 94
    Fourth, Resident Welfare Standard ……………………… 96
    Fifth, Review ………………………………………………… 97
  Section Ⅱ Exchange Rate Band's "Intermediate Trap" ……… 98
    First, Trader Heterogeneity Assumption ………………… 98
    Second, Macroeconomic Model …………………………… 99
    Third, Intermediate Trap's Economic Explanation ……… 102

Section Ⅲ　Empirical Test Thought and Method ············· 105
Section Ⅳ　Empirical Evidence on RMB Exchange
　　　　　　Rate Band ··· 107
　　First, Heterogeneous Traders' Ratio in RMB Foreign Exchange
　　　　　Market ·· 107
　　Second, Empirical Test on the Intermediate Trap ············· 108
Section Ⅴ　Summary ·· 109

Chapter Ⅶ　Study on the Optimal Exchange Rate Band from the Perspective of Behavioral Finance: Based on Monetary Policy Independence Standard ········ 111

Section Ⅰ　Impossible Trinity ······································ 111
　　First, Mide Conflict and Tinberg Law ························· 111
　　Second, Mundell-Fleming Model ······························ 112
　　Third, Impossible Trinity ···································· 114
Section Ⅱ　Heterogeneous Traders Behavior and Impossible
　　　　　　Trinity's Resolution ······························· 115
　　First, Olivier-Andrew Model ································· 116
　　Second, Chartist Exchange Rate Stability and Monetary Policy
　　　　　Independence ·· 120
Section Ⅲ　Empirical Research ···································· 124
　　First, Empirical Evidence ···································· 124
　　Second, Empirical Test on the Optimal RMB Exchange
　　　　　Rate Band ·· 128
Section Ⅳ　Summary ·· 129

Chapter Ⅷ　Conclusions and Policy Recommendations ········· 131

Section Ⅰ　Conclusions ·· 132
　　First, The Behavioral Characteristics of Heterogeneity Traders in
　　　　　the RMB Foreign Exchange Market ····················· 132
　　Second, Market Behaviors and PBOC's Intervention at Play
　　　　　in RMB Exchange Rate Formation after the Exchange

　　　　　Rate Reform ……………………………………………… 132
　　　Third, The Discovery of "Middle Trap" in Exchange Rate
　　　　　Fluctuation Band and the Empirical Test Conducted
　　　　　Accordingly ……………………………………………… 134
　　　Fourth, Tentative Solution to the Mundellian Trilemma and How
　　　　　it's Challenged in the Empirical Test …………………… 134
　　　Fifth, Assessment on Current RMB Exchange Rate Fluctuation
　　　　　Band ……………………………………………………… 135
　Section II　Policy Recommendations ……………………………… 136
　　　First, Make the RMB Exchange Rate Formation Mechanism More
　　　　　Market-oriented to Better Reflect Supply and Demand through the
　　　　　RMB Exchange Rate ……………………………………… 136
　　　Second, Prioritise the Behaviors of Micro Traders in PBOC's
　　　　　Intervention to Enhance Intervention Efficiency …………… 137
　　　Third, Further Widen the Exchange Rate Fluctuation Band and
　　　　　Improve the Flexibility of RMB Exchange Rate Regime to
　　　　　Reinforce the Stability of China's Macro-economy and Pursue
　　　　　Independent Monetary Policy …………………………… 137
　　　Fourth, Continue to Improve RMB Exchange Rate Reform and
　　　　　Build FX Market Infrastructure to Underpin RMB
　　　　　Internationalization ……………………………………… 138

Appendix 1 ……………………………………………………………… 139

Appendix 2 ……………………………………………………………… 143

Appendix 3 ……………………………………………………………… 145

References ……………………………………………………………… 147

Index …………………………………………………………………… 163

Acknowledgements …………………………………………………… 167

Recommendations …………………………………………………… 169

第一章 导　论

第一节　研究背景

　　自 2005 年 7 月以来，人民币汇率制度改革的逐步深化提高了人民币汇率制度的灵活性，使人民币汇率更好地反映外汇市场的供求变化，初步实现了人民币汇率形成机制的市场化。尽管在 2008 年，为了应对美国金融危机所带来的外部冲击，我国采取了特殊的汇率稳定政策，外汇市场的市场化改革步伐有所减缓。但是，随着全球经济的复苏和我国经济增长的恢复，以及人民币国际化战略的实施，我国央行于 2010 年 6 月再次启动了人民币汇率市场化改革。2015 年 8 月 11 日，为增强人民币汇率中间价的市场化程度和基准性，央行决定完善人民币兑美元汇率中间价报价，中间价参考上日银行间外汇市场收盘汇率，并综合考虑外汇供求情况。12 月 11 日，中国外汇交易中心在中国货币网正式发布 CFETS 人民币汇率指数，逐渐把参考一篮子货币计算的有效汇率作为人民币汇率水平的主要参照系，引导市场改变过去主要关注人民币对美元双边汇率的习惯，以更加全面和准确地反映市场变化情况。

　　伴随着人民币汇率形成机制的市场化改革，人民币汇率波动区间在不断地变化。从 2005 年 7 月的 0.3%，2007 年 5 月的 0.5%，2008 年 10 月的 0%，2012 年 4 月 16 日的 0% 到 2014 年 3 月 15 日的 2%，中国人民银行根据国内外经济形势对汇率波动区间进行不断的调整，以实现我国经济的内外均衡和稳定发展。持续推进人民币汇率形成机制的市场化改革，不断扩大人民币汇率波动区间成为了我国汇率政策选择和汇率制度改革的核心内容。

那么，在上述人民币汇率的形成机制越来越市场化，且汇率波动区间不断变化的经济背景下，存在着两方面值得我们思考和关注的重要前瞻性问题：

第一，汇改后人民币汇率的市场化形成机理如何？具体而言，人民币外汇市场的交易者的市场行为特征如何，是否和西方外汇市场的交易者一样，存在着异质性？倘若存在，他们的异质性行为是否受到央行干预的影响？尤其是他们如何影响人民币汇率的形成？

第二，在人民币汇率形成机制市场化的情况下，我们应该如何评估和选择人民币汇率的最优波动区间？当前的汇率波动区间安排是否最优？应该进一步放宽，或者不变，还是缩窄？倘若我们继续扩大或缩小人民币汇率波动区间，将会面临怎样的情景？

显然，对于上述问题的研究，有助于我国政府相关部门和外汇市场主体正确理解和把握汇改后人民币汇率的形成机理，尤其是有助于为人民币汇率政策的选择和汇率制度改革的设计提供有益的参考依据。

第二节 研究新意与思路

一、基于行为金融视角对人民币汇率决定的研究

汇率决定理论历来是国际金融领域中的核心问题。从汇率理论的发展历程来看，传统的汇率决定理论主要从宏观经济基本面因素的角度来解释汇率的决定，形成了以商品贸易为主的流量模型和以资产市场均衡为核心的存量模型。然而，自从布雷顿森林体系崩溃后，"就像汇率自身的波动一样，汇率决定理论也经历了大幅的波动"。Meese 和 Rogoff（1983）的实证研究表明，传统的汇率决定理论模型难以经受实证的检验，甚至在样本外预测方面，传统的汇率决定理论模型明显地不如简单的随机游走模型。由此宣告了传统汇率理论模型的无效性，使得汇率决定理论的研究陷入了长久的困境。为此，研究者在传统汇率理论模型的理性预期假定的框架下，修改了有效市场的前提假设，相继提出新闻模型、投机泡沫模型、比

索问题以及风险补贴等新的理论解释，以修补传统的汇率决定理论。但是，这些理论仍然无法解释外汇市场上所存在的诸多异象，譬如汇率脱离经济基本面的"无关性之谜"（Disconnect Puzzle）、汇率的波动聚集效应以及汇率收益率分布的厚尾现象等。

进入20世纪90年代，研究者试图从不同的分析视角，运用不同的分析方法，以寻找汇率理论新的突破口。其中，Obstfeld和Rogoff（1995）在开放经济条件下的宏观经济学中引入了微观基础分析方法，对传统汇率决定理论加以完善。可以说，具有微观基础的汇率宏观经济分析法，较之以前的传统分析方法更加贴近现实。但是该理论仍然是建立在传统汇率理论理性预期假定的框架下，侧重于对宏观经济变量与汇率之间的关系进行研究，因此仍无法解决传统宏观汇率决定理论在实证检验中的困境。为此，研究者开始将研究视角转向外汇市场微观结构和异质性交易者的市场行为，出现了外汇市场微观结构理论和行为金融视角下的汇率决定理论模型。

外汇市场微观结构理论主要以Lyons（1995）、Evans（2002）、Evans和Lyons（2002）的"订单流"研究为代表，关注的是信息在外汇市场中如何传播和处理，以及最终如何反映到汇率的波动上。国内学者丁剑平等（2006）也在这方面做了有益的探讨。较之于传统宏观汇率模型，微观结构理论合理地解释了汇率的高交易量和高波动性等特征，但是，缺陷在于其忽视了宏观经济基本面的分析，而且只是从信息获取的角度区分了异质交易者，未考察交易者的主观预期对汇率变化的影响，因此未能更加全面地揭示汇率变动的深层次原因。

传统的汇率决定理论之所以难以解释布雷顿森林体系崩溃后浮动汇率制度下汇率的变动，其主要根源在于理性预期和有效市场的前提假定。这一假定明显有悖于浮动汇率制度下外汇市场的典型事实：外汇市场交易者具有显著的预期异质性。Frankel和Froot（1990）、Ito（1990）、Takagi（1991）、Allen和Taylor（1990）、MacDonald和Marsh（1996）等基于问卷调查所做的实证研究均证实在外汇市场中交易者存在着异质性预期。他们研究发现，外汇市场中存在着具有推断预期特征的交易者或称技术分析者（Chartist）和具有回归预期特征的交易者或称基本面分析者（Fundamentalist）。当市场交易者倾向表现为技术分析者时，会将预测汇率延续原有的变动趋势；而当市场交易者倾向表现为基本面分析者时，则预期汇率未来将会回归到基本面的汇率水平。

于是，针对交易者预期的异质性典型事实，研究者们开始将行为金融理论应用于汇率决定理论的研究。在较早的研究中，研究者还只是摒弃理性经济人的假设，从更为贴近现实的有限理性经济人的假设出发，在原有宏观经济模型的基础上引入汇率预期的异质性特征，比如 Frankel 和 Froot（1990）在弹性价格货币模型中假定存在三种交易者：技术分析者、基本面分析者和资产组合管理者。De Grauwe 和 Dewachter（1993）在货币模型中引入汇率预期异质性的非线性汇率动态过程，并采用数值模拟方法进行模拟分析。近年来，研究者进一步关注外汇市场交易者的异质性预期的行为特征、相互作用和交互式的学习过程，比如：Neuberg 等（2004）利用基因算法模拟了异质性交易者交互式的适应性学习过程；De Grauwe 和 Grimaldi（2005）假设异质性交易者根据上一期交易策略的盈利情况来确定当期的交易策略，建立了内生性的汇率决定模型；Manzan 和 Westerhoff（2007）考虑了技术分析者和基本面分析者的相互作用，提出了一个更加完善的汇率决定模型；Bauer 等（2008）提出了不同汇率制度下基于预期异质性假定的汇率决定模型。值得一提的是，De Grauwe 和 Grimaldi（2005）甚至将行为金融理论中的前景理论（Prospect Theory）应用于汇率决定的理论模型中，做出了开创性的研究。

诸多研究表明，基于行为金融视角下的汇率决定理论模型，引入了更符合经验事实的预期异质性假定，立足于外汇市场异质交易者的心理预期、交易行为及相互作用机制，而又不脱离传统的宏观基本面分析方法，从而对现实汇率的波动具有更强的解释和预测能力。

然而，国内现有对人民币汇率决定的研究，大多数仍然停留在传统的宏观研究视角，或是不考虑经济理论基础，仅采用时间序列方法对人民币汇率的变动进行简单的拟合和预测。显然，在人民币汇率形成机制日益市场化的背景下，国内对人民币汇率决定的相关研究已在一定程度上滞后于经济现实的变化。

为此，有学者已从微观交易者的行为特征对汇率影响的视角进行研究，如李晓峰和魏英辉（2009）从行为金融的角度出发，构建了基于交易者异质性假定、考虑央行干预的汇率模型，研究了央行不同干预方式的有效性。这对于在人民币汇率形成机制市场化改革背景下，中央银行外汇干预策略的选择具有一定的参考意义。然而，该研究还只是停留在对模型的模拟分析上，尚未能将行为金融视角下的汇率决定理论模型应用于我国外汇市场的经验研究中。目前国内外类似的研究成果尤为鲜见。

对此，本书研究的第一部分内容为：基于微观个体的非理性预期假定（包括交易者预期异质性、不完美的认知能力、试错行为等），综合央行外汇干预、宏观经济基本面等宏观汇率决定因素，构建了基于行为金融视角的人民币汇率决定模型，并提出相应的实证检验方法，实证研究了汇改后我国外汇市场上交易者的异质性行为特征以及人民币汇率变动的微观因素，为理解汇改后人民币汇率的市场化形成机理提供了新的研究视角和新的经验依据。

同时，该部分研究具有重要的政策启示意义：当经济基本面对于人民币汇率起着主要决定作用时，管理当局不仅应该在外汇市场上通过央行干预引导汇率走势，而且还应该使用货币政策或财政政策工具对经济基本面进行宏观调控，以期达到经济的内外均衡状况；反之，如果人民币汇率是与经济基本面无关的投机性交易的结果，那么就要求央行积极干预外汇市场，减少投机性交易，维持汇率的稳定。

二、关于央行干预对汇率决定的影响效力的研究

与汇率决定理论密切相关的一个重要议题是中央银行干预的有效性问题。从现有的文献来看，学者们对央行干预的有效性问题的研究尚未达成一致的结论。在20世纪90年代之前，关于中央银行干预有效性的研究都是建立在理性经济人假定和有效市场假说的基础上。具体而言，这些研究主要是从信号渠道、资产组合平衡渠道和微观市场结构渠道对央行干预的效果进行理论和实证研究。

基于信号渠道的研究认为，在有效市场上，央行的干预只有通过影响当前基本面或者对市场传递有关未来基本面状况的信号才能影响汇率，而冲销式干预对国内基本面的影响甚微，因此也就无法影响汇率的变化，除非该干预可以改变市场参与者对未来基本面发生变化的预期。而基于资产组合渠道的研究则认为，央行干预通过改变私人部门所持有的本外币资产结构来影响汇率的变化。自20世纪90年代后，人们开始运用微观市场结构理论来分析中央银行外汇市场干预的有效性问题。国内学者丁剑平等（2006）、林伟斌和王艺明（2009）等也在这方面做了有益的探讨。虽然微观结构法是基于不完全有效市场的假设来进行分析的，但它仍是基于市场

的信号传递渠道来分析汇率的变化及央行的干预效果的，并未摒弃理性经济人的假设，即从现实中有限理性经济人的角度来考察汇率问题。

近年来，随着基于行为金融视角的汇率决定模型的出现，研究者如De Grauwe 和 Grimaldi（2006）、李晓峰和魏英辉（2009）等开始在交易者异质性行为的框架下研究央行不同干预方式的有效性。但是，他们的研究并未涉及央行干预是如何影响异质性交易者从而影响汇率走势的重要议题。

此外，已有研究更多关注和研究央行干预对即期汇率的影响，但对于央行干预对汇率失衡的影响却未涉及，而这一问题却又是最为重要的。诚然，我国央行已明确表示汇率政策的目的是保持人民币汇率在合理、均衡水平上的基本稳定，自2005年人民币汇率制度改革以来，人民币实际有效汇率持续升值，到2013年已升值33.8%。虽然如此，但是国际社会对人民币汇率政策的质疑依然存在。美国财政部在2013年4月的《国际经济和汇率政策报告》中表示："人民币依然显著低估，大规模的外汇市场干预依然存在，更重要的是，中国的汇率政策缺乏透明性"，"中国应该即时公布外汇市场干预信息"。那么，自2005年汇改以来，央行干预到底是推动，还是延缓或阻碍了人民币汇率更加均衡？这成为我们亟须回答的问题。

对此，本书的第二部分内容从两方面展开：一是首次提出除了信号渠道、资产组合渠道和微观市场结构渠道之外，还存在第四个央行干预渠道，即交易者异质性渠道，构建了基于预期异质性假定且考虑央行干预因素的人民币汇率实证框架，实证检验和评价了在汇改后人民币汇率的形成中，央行干预对交易者异质性变化所起到的影响效力。二是基于人民币汇率形成机制市场化的背景，从外汇市场交易者异质性的微观假定出发，理论研究央行干预对汇率失调程度存在的可能影响，并建立相应的实证框架，实证检验和评价自2005年汇改以来，央行干预是否更好地促进人民币汇率均衡。该部分的研究有助于正确理解和认识央行干预在人民币汇率决定和汇率均衡中的影响和作用，丰富了央行干预理论，从而为人民币汇率政策和汇率制度的进一步改革方向提供了更全面的参考依据。

三、对中间汇率制度国家如何选择汇率最优波动区间的研究

回顾文献,已有的汇率制度选择理论研究主要是从宏观经济稳定性、金融稳定性、货币政策独立性和居民福利等不同角度来比较研究汇率波动区间的"两极"(固定汇率制度和浮动汇率制度),却不重视对"中间"区域的研究。即使 Ghosh 等 (1998, 2000)、Levy-Yeyati 和 Sturzenegger (2000, 2001) 等的研究涉及了中间汇率制度的分析,但还只是基于国家面板数据的比较实证研究。

笔者认为,学者们对汇率波动区间的"中间"区域研究的忽视,是因为受到 Eichengreen (1994, 1998) 等的"中间汇率制度消失论"的影响。"中间汇率制度消失论"认为国际资本流动性的日益增长将会使得政府对汇率的公信力变得十分脆弱,由此在资本高度流动的情况下,中间汇率制度将变得不可行并且逐步消失。然而,现实并不如此。根据 Reinhart 和 Rogoff (2004) 的统计,自从布雷顿森林体系崩溃以来,中间汇率制度是最主要的汇率制度,所占比例一直在一半左右。可见对汇率波动区间的"中间"区域的研究不容忽视。

对中间汇率制度国家如何选择汇率的最优波动区间的研究具有重要的实践指导意义:对于已经选择中间汇率制度的国家来说,比如当前实行管理浮动汇率制度的我国,更为关心的问题是,在非"两极"的"中间"区域中,如何选择汇率的最优波动区间,而这一重要问题在重点关注"两极"之争或"中间与两极"之争的既有文献中难以找到答案,亟须经济学者们进一步研究。

对此,本书的第三部分内容为:从货币政策独立性和宏观经济稳定性的评估标准,对汇率波动区间的"中间"区域进行研究,寻找在不同评估标准下汇率的最优波动区间。该部分的研究进一步深化了汇率制度选择理论的研究,同时为实行中间汇率制度的国家的经济实践提供政策依据,更重要的是为人民币汇率制度改革的进一步方向提供有益的参考。

四、外汇市场交易者异质性假定在传统宏观经济模型中的引入

在汇率形成机制市场化的情况下，交易者的异质性特征是外汇市场的典型事实，Frankel 和 Froot（1990）、Takagi（1991）、Allan 和 Taylor（1992）等所做的问卷调查研究均证实了这一点。由此，交易者异质性的假定在汇率决定理论中已经得到学者们的重视。Neuberg 等（2004）、De Grauwe 和 Grimaldi（2006）、Manzan 和 Westerhoff（2005）、Bauer 等（2008）在这方面做了许多有益的工作。他们着重关注外汇市场交易者的异质性预期的行为特征、相互作用和交互式的学习过程，分别提出各种基于交易者异质性假定的汇率决定模型。

然而，与之形成鲜明对比的是，鲜有研究文献在传统宏观经济模型的基础上引入汇率预期的异质性特征。许多宏观经济模型依然普遍将汇率预期假定为不符合经济现实的同质性或理性预期。由此，令我们感兴趣的问题是，已被学者们广泛研究和证实的外汇市场的微观异质性行为特征会对宏观经济体产生怎样的影响？倘若我们将外汇市场的微观异质性假定引入传统宏观经济模型，能否得到一些有意义的研究结果和政策启示？

对此，本书在第三部分内容（即从宏观经济稳定性标准和货币政策独立性标准对汇率最优波动区间进行研究）所采用的宏观经济模型中引入了外汇市场的微观异质性特征，首次将处于相互"割裂"状态的基于行为金融视角的汇率决定理论与传统宏观经济模型进行了结合。同时，引入汇率形成机制市场化下交易者异质性的这一典型事实，也使得本书对人民币汇率的最优波动区间的研究更加符合当前人民币汇率形成机制正逐渐市场化的经济背景。

本书的第三部分内容最终证实了在传统的宏观经济模型中引入外汇市场的交易者异质性行为具有重要意义。具体表现在：第一，将交易者异质性假定引入 Dournbusch 模型，建立修正后的 Dournbusch 模型，关注汇率波动区间与汇率失调、宏观经济失衡之间的关系，由此从宏观经济稳定性的角度研究中间汇率制度下的汇率最优波动区间，研究发现，当一国汇率波动区间逐步由小及大扩大时，将会进入某个"不稳定"的区域：在这个区域中，随着汇率波动区间的扩大，外汇市场的投机势力对汇

率走势的作用将会提高,从而导致经济冲击发生时出现汇率失调和宏观经济失衡。但是,由于汇率波动区间的扩大有助于降低经济冲击对经济体的"市场"效应的影响程度,因此当进一步扩大的汇率波动区间超越某一临界值时,外汇市场的投机势力所导致的"市场"效应将会被经济体的"自我调节"效应抵消,由此跨越了这一"不稳定"的区域。我们将此"不稳定"的区域称为汇率波动区间的"中间陷阱"。第二,本书将外汇市场的交易者异质性假定引入关于货币政策独立性和汇率波动区间之间关系的研究中,最后研究发现,当不考虑交易者异质性行为时,货币政策独立性与汇率波动区间呈"拉长"的倒"N"型关系,而在考虑交易者异质性行为之后,在某些区域,货币政策独立性与汇率波动区间之间的关系不能确定,由此从微观交易者行为的视角解释了"三元悖论"无法被 Frankel 等(2001)、Fratzscher(2002)、Forssback 和 Oxelheim(2006)等的实证研究支持的原因。

第三节 内容安排

本书除本章外的结构安排如下:

第二章,对人民币汇率制度改革及其背景下的人民币外汇市场改革(包括即期市场和衍生市场)和人民币国际化进展进行了回顾与述评,为后续的理论分析和实证研究提供了现实背景和铺垫。得到的研究启示是:人民币汇率制度改革的逐步深化提高了人民币汇率制度的灵活性,初步实现了人民币汇率形成机制的市场化,并随着人民币国际化的进一步推进,人民币汇率形成机制的市场化程度将会进一步提高,这意味着在关于人民币汇率决定的研究方面,我们应该更加重视汇率形成的市场化机理。

第三章,首先对行为金融理论和汇率决定理论的相关文献进行了综述,指出行为金融视角是现代汇率决定理论发展的重要方向之一,因此结合人民币汇率形成机制逐步市场化的现实背景,将行为金融理论引入关于汇改后人民币形成机理及最优波动区间的研究中,具有重大意义和创新价值。于是本章构建了行为金融视角下的人民币汇率决定理论模型,提出相应的实证检验方法,并应用于人民币汇率的实证研究。最终,本章证实了

行为金融视角下的人民币汇率形成机理及最优波动区间研究

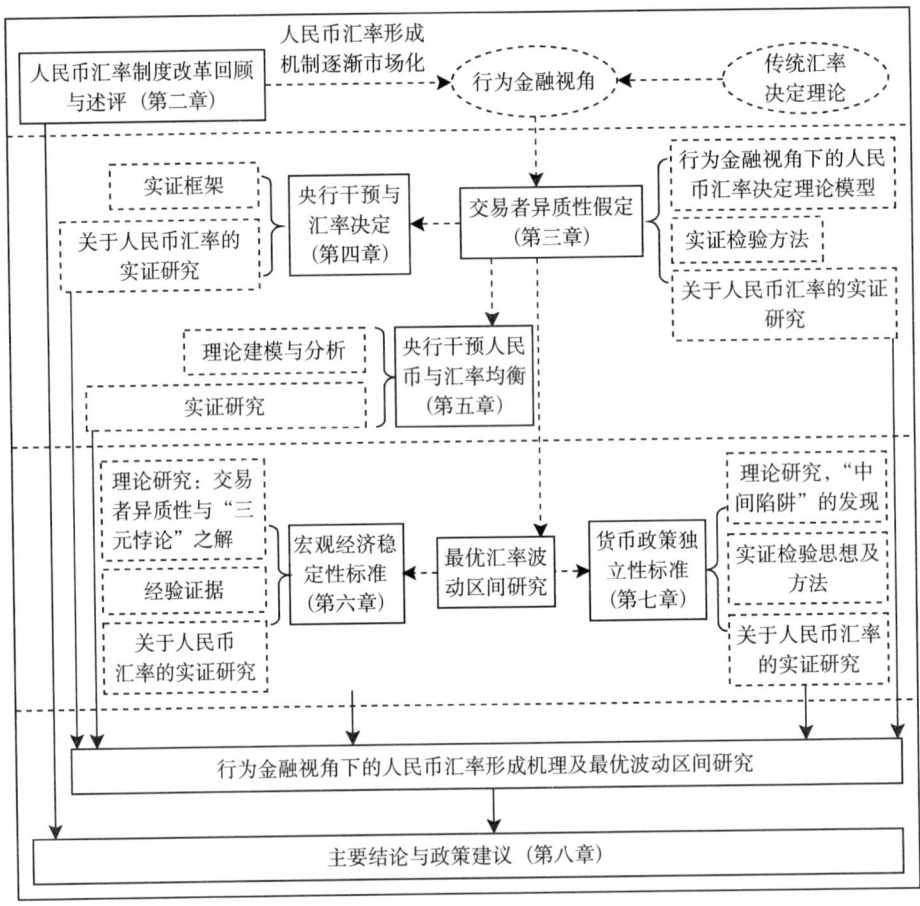

图 1-1 本书结构安排

在人民币外汇市场中存在着异质性交易者,并测算出异质性交易者的风险厌恶系数、预期特征及其比例分布,从而首次研究了人民币外汇市场中交易者的市场行为。

第四章,首先评述了央行干预的定义及其对汇率决定的影响渠道,然后基于行为金融视角,提出除了信号渠道、资产组合渠道和微观市场结构渠道之外,还存在第四个央行干预渠道,即交易者异质性渠道,构建了基于预期异质性假定且考虑央行干预因素的人民币汇率实证框架,并实证检验和评价了在汇改后人民币汇率的形成中,央行干预对交易者异质性变化所起的影响效力。

第五章，基于人民币汇率形成机制市场化的背景，理论研究交易者异质性假定下央行干预对汇率失调的影响，发现央行干预对汇率失调存在"U"型效应，进而构建相应的实证框架进行检验，回答了自 2005 年汇改以来，中国人民银行对外汇市场的干预推动了人民币汇率更加均衡抑或相反的问题。本章与第四章的研究进一步完善了第三章的研究，从而更全面、更深入地研究了人民币汇率形成的市场化机理，同时该部分的研究丰富了央行干预理论，也为我国央行干预决策提供了参考依据。

第六章，在完成对行为金融视角下的人民币汇率形成机理的研究（第三章、第四章和第五章）之后，本章研究人民币汇率的最优波动区间。首先文献述评汇率最优波动区间的选择标准：宏观经济稳定性标准、金融稳定性标准、货币政策独立性标准和居民福利标准，然后着重从宏观经济稳定性标准和货币政策独立性标准出发，研究汇率的最优波动区间。具体而言，本章将已被第三章和第四章的研究证实的交易者异质性假定，引入传统的宏观经济模型——Dornbusch 模型，研究宏观经济稳定性与汇率波动区间的关系，发现所谓的汇率波动区间"中间陷阱"的存在，并提出相应的实证检验思想及方法，然后基于第三章所测算出来的人民币外汇市场中异质性交易者的比例分布数据，实证检验了现行人民币汇率波动区间的合理性。研究结果表明，基于宏观经济稳定性标准，现行人民币汇率波动区间不是最优的。

第七章，首先回顾了"三元悖论"的历史发展及理论内涵，接着针对 Frankel 等（2001）、Fratzscher（2002）、Forssback 和 Oxelheim（2006）等所提出的实证质疑，介绍了 Olivier 和 Andrew（2002）模型，凸显引入交易者异质性假定对于寻找"三元悖论"之解有重要意义。延续 Olivier 和 Andrew（2002）的思路，本章在第五章所建立的基于交易者异质性假定的理论框架下，研究汇率波动区间与货币政策独立性之间的关系，发现了"三元悖论"之解，并对"三元悖论"无法被经验证据有力支持的现象进行了解释，进而引用 Calvo 和 Reinhart（2002）的"概率"思想分别测算了 50 多个样本国家汇率的波动区间和货币政策独立性，对本章的理论分析结论进行实证检验，并实证评价了现行人民币汇率波动区间在货币政策独立性标准下的合理性。研究发现，基于货币政策独立性标准，现行人民币汇率波动区间也不是最优的。

第八章，总结了本书对行为金融视角的人民币汇率形成机理及最优波动区间的研究结论,并结合人民币汇率制度改革的现状及未来发展趋势提出相关的政策建议。具体建议包括:应继续提高人民币汇率形成机制的市场化程度;央行干预应注重对外汇市场中微观交易者行为的关注和把握;应进一步扩大人民币汇率波动区间,以实现宏观经济稳定性和货币政策独立性;应进一步完善人民币汇率制度改革,为人民币国际化的成功实现奠定基础。

第四节 研究不足与进一步研究方向

本书的研究不足及进一步研究方向在于:

在第三章的研究中,尚未将国内资产价格因素纳入行为金融视角下的汇率决定理论模型中,相关研究有待进一步深入,同时,如何将更多行为金融理论应用于汇率决定理论的研究中,也是本书在未来研究中应进一步考虑的问题。在第四章的研究中,对于央行干预如何影响异质性交易者的交易利润,还尚待进一步深入考察和扩展。在第六章和第七章关于汇率最优波动区间的研究中,本书仅从宏观经济福利标准和货币政策独立性标准两个方面进行,而对于金融稳定性标准和居民福利标准的研究还未涉及,这将是本书的后续研究方向。

第二章 人民币汇率制度改革回顾与述评

第一节 人民币汇率制度改革

在1994年之前，我国实行的是以维持出口产品竞争力为目标的多重汇率制度。在1994年之后，我国实行单一的有管理的浮动汇率制度，人民币实质上在单一地盯住美元，这是中国政府应对1997年亚洲金融危机的举措（余永定，2005）。亚洲金融危机过后，由于担心人民币与美元的脱钩会导致出口的锐减，中国政府继续维持事实上单一盯住美元的有管理的浮动汇率制度。

随着我国国际贸易顺差的持续增长，国际上"人民币操纵论"逐渐甚嚣尘上，2002年底，日本、美国、西欧等西方发达国家先后"发难"，要求人民币升值，国际资本市场形成强烈的人民币升值预期，投机资本大规模流入中国。盯住汇率制度与不断持续的国际收支双顺差的并存给我国货币政策的有效性和独立性带来了压力，同时也不利于我国经济结构的调整。因此，恢复有管理的浮动汇率制度是我国必要的选择。由此，2005年7月21日，中国人民银行宣布，自2005年7月21日起，放弃人民币与美元挂钩，实行以市场供求为基础、参考一篮子货币进行调节的有管理的浮动汇率制度，同时调整美元对人民币交易价格，将人民币对美元基准汇率由1美元兑8.2765元人民币调整为1美元兑8.11元人民币，升值2%；并且扩大人民币兑美元的波动幅度，允许人民币兑美元汇率在0.3%上下浮动。这一重要举措标志着我国的汇率制度改革和经济增长战略调整进入了一个新的阶段。

2005年汇改以后，人民币的形成机制体现出以下特征：第一，"参考"而不是"盯住"意味着央行不一定会根据一篮子货币的给定计算公式来确定人民币的汇率水平，也就是说，央行具有更大的决定汇率水平的灵活性；第二，在设定的区间内浮动，央行规定"每日银行间外汇市场美元兑人民币的交易价在人民银行公布的美元交易中间价上下千分之三的幅度内浮动，非美元货币兑人民币的交易价在人民银行公布的该货币交易中间价上下一定幅度内浮动"；第三，人民币的升值或贬值只能渐进式地变化，中国人民银行于每个工作日闭市后公布当日银行间外汇市场美元等交易货币兑人民币汇率的收盘价，作为下一个工作日该货币对人民币交易的中间价格，若假设人民币兑美元在上一工作日升值，那么在这种机制下，必然导致一篮子货币参数的不断调整，但是并不必然导致人民币的不断升值，只有当美元对其他主要货币持续贬值时，人民币兑美元的汇率才有可能在短时间内明显升值。

进而，央行继续推出一系列的政策措施推动人民币汇率形成机制的市场化和外汇管理体制的改革。在交易方式方面，引入了具有交易灵活、成本低、信用风险分散等优点的OTC询价交易方式，在此方式下，银行间外汇市场交易主体以双边授信为基础，自主地双边询价和双边清算；引入能够平滑市场价格波动、提高交易效率、分散风险的做市商制度，中国外汇交易中心于每日开盘前向所有做市商询价。可以说，交易方式的改革使得市场交易的灵活性、流动性和效率得到了提高。在交易主体方面，允许更多符合条件的非银行金融机构和非金融企业进入银行间即期外汇市场，扩大了人民币外汇市场交易的广度，另外，增强外汇指定银行办理结售汇业务和外汇资金管理的灵活性和主动性，统一了中外资银行的头寸管理办法，银行体系的头寸上限有了较大增加。在汇率的浮动区间方面，进一步扩大汇率浮动的波动区间，将人民币兑美元单日波幅从0.3%扩大至0.5%，非美元货币兑人民币交易价的浮动幅度从原来的上下1.5%扩大到上下3%，提高了人民币汇率的浮动弹性。

2008年的全球金融危机给中国和世界经济都带来了较大的不确定性。在金融危机最为严重的时候，许多国家的货币兑美元汇率大幅贬值，而我国通过适当收窄人民币的波动区间来保持汇率的基本稳定，从而大幅度地降低了金融危机带来的不利影响。这不仅使我国经济较快地实现复苏和稳定，也起到了促进其他国家经济回暖的效果。

2010年，主体经济进入复苏阶段。主要的经济大国先后采用量化宽松的经济政策以刺激经济回暖。外汇市场上对人民币的需求再度"升温"，在内需不振、外需下滑的大背景下，人民币再度面临着升值挑战。2010年6月19日，我国进一步推进汇率制度改革。改革重点是进一步提高我国汇率弹性。2012年4月16日，银行间即期外汇市场人民币兑美元交易价在中国外汇交易中心对外公布的当日美元兑人民币中间价上下1%内浮动；同一时间，国家外汇管理局（以下简称外管局）发布通知，对银行结售汇综合头寸实行正负区间管理，并取消了收付实现制中的下限管理。

2014年3月15日，央行宣布自3月17日起，扩大银行间即期外汇市场人民币兑美元交易价浮动幅度至2%。这是央行继2007年和2012年之后第三次扩大人民币汇率波动区间。

2015年8月11日，为增强人民币汇率中间价的市场化程度和基准性，央行决定完善人民币兑美元汇率中间价报价，中间价参考上日银行间外汇市场收盘汇率，并综合考虑外汇供求情况。

12月11日，中国外汇交易中心在中国货币网正式发布CFETS人民币汇率指数，逐渐把参考一篮子货币计算的有效汇率作为人民币汇率水平的主要参照系，引导市场改变过去主要关注人民币对美元双边汇率的习惯，以更加全面和准确地反映市场变化情况。

根据中国外汇交易中心公布的信息，人民币对美元汇率中间价的形成方式为：交易中心于每日银行间外汇市场开盘前向外汇市场做市商询价。外汇市场做市商参考上日银行间外汇市场收盘汇率，综合考虑外汇供求情况以及国际主要货币汇率变化进行报价。央行在2016年第一季度《货币政策执行报告》中指出，目前已经初步形成了"收盘汇率+一篮子货币汇率变化"的人民币对美元汇率中间价形成机制。

"收盘汇率+一篮子货币汇率变化"是指做市商在进行人民币对美元汇率中间价报价时，需要考虑"收盘汇率"和"一篮子货币汇率变化"两个组成部分。其中，"收盘汇率"是指上日16时30分银行间外汇市场的人民币兑美元收盘汇率，主要反映外汇市场供求状况。"一篮子货币汇率变化"是指为保持人民币兑一篮子货币汇率基本稳定所要求的人民币兑美元双边汇率的调整幅度，主要是为了保持当日人民币汇率指数与上一日人民币汇率指数的相对稳定。那么实际中人民币汇率的形成是否和官方解释一致？本节进行一个简单的检验。

根据中国外汇交易中心公布的人民币 CFETS 指数的篮子货币权重，人民币 CFETS 指数的决定公式为：

$$\begin{aligned}CFETS = {} & C \times USDCNY^{-0.264} \times EURCNY^{-0.2139} \times JPYCNY^{-0.1468} \times HKDCNY^{-0.0655} \times \\ & GBPCNY^{-0.0386} \times AUDCNY^{-0.0627} \times NZDCNY^{-0.0065} \times SGDCNY^{-0.0382} \times \\ & CHFCNY^{-0.0151} \times CADCNY^{-0.0253} \times MYRCNY^{-0.00467} \times RUBCNY^{-0.0436} \times \\ & THBCNY^{-0.0333}\end{aligned} \quad (2\text{-}1)$$

若设人民币汇率 USDCNY = X（间接标价法），CNYUSD = X^{-1}（直接标价法），那么有：

$$\begin{aligned}CFETS = {} & C \times X^{-1} \times EURUSD^{-0.2139} \times JPYUSD^{-0.1468} \times HKDUSD^{-0.0655} \times \\ & GBPUSD^{-0.0386} \times AUDUSD^{-0.0627} \times NZDUSD^{-0.0065} \times SGDUSD^{-0.0382} \times \\ & CHFUSD^{-0.0151} \times CADUSD^{-0.0253} \times MYRUSD^{-0.00467} \times RUBUSD^{-0.0436} \times \\ & THBUSD^{-0.0333}\end{aligned} \quad (2\text{-}2)$$

因此，可以得到保持当日人民币汇率指数与上一日人民币汇率指数稳定的人民币汇率中间价隐含值：

$$\begin{aligned}X_t^{-1} = {} & C^{-1} \times CFETS_{t-1} \times (EURUSD^{0.2139} \times JPYUSD^{0.1468} \times HKDUSD^{0.0655} \times \\ & GBPUSD^{0.0386} \times AUDUSD^{0.0627} \times NZDUSD^{0.0065} \times SGDUSD^{0.0382} \times \\ & CHFUSD^{0.0151} \times CADUSD^{0.0253} \times MYRUSD^{0.00467} \times RUBUSD^{0.0436} \times \\ & THBUSD^{0.0333})_t\end{aligned} \quad (2\text{-}3)$$

其中，等式右边第一项 C^{-1} 为常数，第二项 $CFETS_{t-1}$ 为上一日人民币 CFETS 指数，剩下的第三项中 EURUSD、JPYUSD、HKDUSD 等则代表美元兑其他货币的汇率（直接标价法）。基于 t 期，第一项 C^{-1} 和第二项 $CFETS_{t-1}$ 为确定项，第三项则为关于美元汇率的变化项。

那么，根据"收盘汇率+一篮子货币汇率变化"的形成机理，可以设定人民币汇率中间价的公式为：

$$中间价_t = 收盘价_{t-1} + \beta(X_t^{-1} - 收盘价_{t-1}) \quad (2\text{-}4)$$

基于式（2-3），我们首先计算出保持当日人民币汇率指数与上一日人民币汇率指数稳定的人民币汇率中间价隐含值 X_t^{-1}，进而对式（2-4）进行回归，得到 β = 0.6。最后，利用式（2-4），可以计算出官方解释的人民币汇率中间价，并与实际的人民币汇率中间价进行对比（见图 2-1）。从图 2-1 可以看出，从 2016 年 2 月底开始，官方解释的人民币汇率中间价与实际的人民币汇率中间价基本一致，两者误差非常小。可以认为，2016

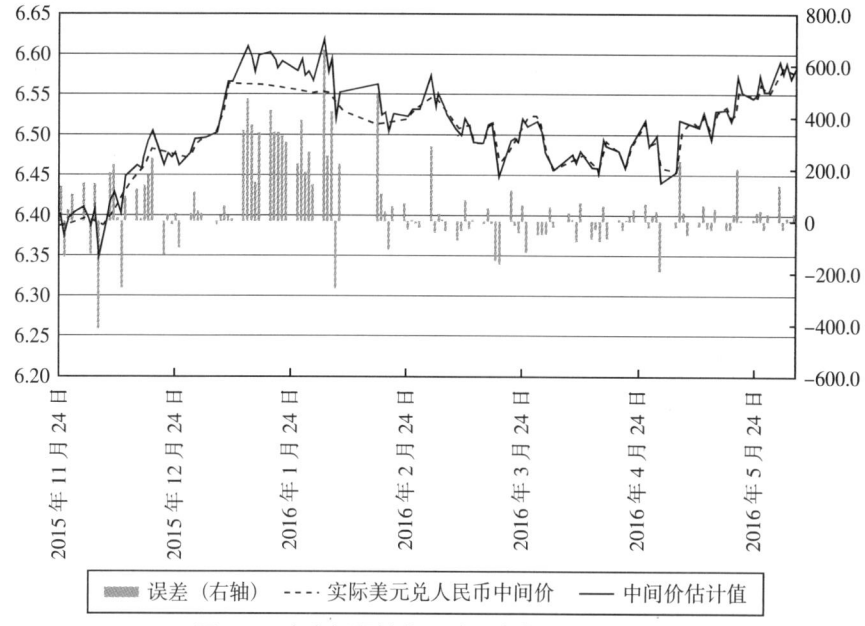

图 2-1 官方解释的人民币汇率中间价与实际值

年 2 月以后，人民币汇率中间价基本按照式（2-3）和式（2-4）形成。可见，人民币汇率中间价形成的市场化程度已得到提高。

第二节 人民币汇率制度改革与外汇衍生品市场的发展

一、境内 DF 市场

人民币境内衍生品市场包括境内 DF 市场和人民币掉期交易市场。境内 DF 市场即为境内人民币远期市场，境内的人民币远期交易始于 1997 年初。1997 年 1 月 18 日，中国人民银行允许境内银行试点远期结售汇业务。到 2005 年初，7 家本地银行获准开办人民币远期结售汇业务。根据规定，银行应按照实需原则，为客户经常项目下的贸易业务以及部分资本项目下的业务提供人民币远期外汇买卖，客户需要提供所需的全部有效凭证进行套期保值。在2005年7月21日人民币汇率制度改革之后，为了进一步推动外汇市场化改革，央行同时推出了做市商制度和人民币远期外汇交易业务。2005年8月9日，中国人民银行发布通知，扩大外汇指定银行的远期结售汇业务，允许取得人民币即期和衍生品交易资格的银行在银行间市场开展人民币远期交易。合格的银行只要通过备案就可以为境内客户的经常项目交易和部分资本与金融项目交易提供远期结售汇业务，并对其外汇收支进行真实性和合规性审核。8月15日，中国外汇交易中心正式推出银行间远期外汇交易品种，人民币远期获准在银行间市场上进行交易。人民币远期外汇交易与起初的远期结售业务有着本质的区别，人民币远期结售汇的参与者，必须是具有真实对外贸易背景的实业企业或商业企业，但是人民币远期交易业务不同，它将允许没有真实外贸背景的交易者参与，同时，人民币远期交易带有利率风险规避职能，这是人民币远期结售汇业务所无法比拟的。

二、人民币掉期交易市场

2005年11月25日，央行通过银行间外汇市场与包括4家国有银行在内的10家商业银行首次进行了美元与人民币一年期货币掉期业务操作，共达成60亿美元交易，人民币外汇货币掉期交易是指在约定期限内交换约定数量的人民币与外币本金，同时定期交换两种货币利息的交易协议。按照规定，开展人民币外汇远期业务满6个月的市场成员有资格参与人民币外汇掉期业务。交易和清算方式与人民币远期外汇交易相同。人民币外汇货币掉期业务的开展，一方面，进一步丰富了银行间本外币交易类产品及品种，为企业及个人客户提供更加有效的汇率风险规避渠道。另一方面，为央行提供了更多的政策工具，例如：央行可以通过货币掉期交易达成的价格来影响人民币远期汇率，从而稳定人民币预期；另外，央行可以通过货币掉期回笼货币并锁定市场资金。

三、人民币境外NDF市场

在2006年8月之前，人民币境外衍生产品只有NDF，NDF（Non-Deliverable Forwards）又称非本金交割远期合约，主要在离岸柜台市场

(Off-shore OTC Market)上交易，交易一般由银行充当中介机构，交易双方签订 NDF 合约以后，等合约到期时只需将该汇率与当时的即期汇率差额进行交割清算，结算的货币为自由兑换货币（一般是美元），无须对合约的本金进行交割。人民币 NDF 交易最早从 1996 年开始，主要市场为新加坡、中国香港和日本，在成立初期，人民币 NDF 市场的交易并不活跃，但是自 2002 年后，随着中国国际收支双顺差的持续加剧，人民币升值预期逐渐加强，NDF 交易日趋活跃，由原来最初的每日几千万美元，增加到 2 亿美元左右的水平，再发展到 2009 年的平均 30 亿美元左右规模。

四、人民币境外期货、期权市场

2006 年 8 月，美国芝加哥商品交易所（CME）推出了人民币对美元、人民币对欧元及人民币对日元的期货和期权，使得境外人民币衍生市场在原来的中国香港和新加坡 NDF 市场的基础上又有了新的发展。与 NDF 一样，CME 的人民币期货也是以非本金交割的形式进行交易，不同的是 CME 的人民币期货合约为场内交易，而 NDF 的交易为 OTC 交易。较之于 NDF 市场，CME 的人民币期货和期权的推出时间较短，交易比较不活跃，但是 CME 上的人民币期货交易具有其他场外远期交易无法比拟的优势：交易标准化、低成本、具有杠杆性、强大的全球电子交易网络和能够有效消除信用风险的保证金与每日结算制度等。人民币外汇衍生品市场交易的基本概况如表 2-1 所示。

表 2-1 人民币外汇衍生品市场交易的基本概况

单位：亿美元

人民币外汇交易市场	成立时间	2006 年日均交易量	2007 年上半年日均交易量
境内银行对企业的远期结售汇市场	1997 年初	1.5	3.6
境内银行间远期外汇市场	2005 年 8 月	0.58	0.91
境内银行间掉期交易市场	2005 年 11 月	1.56	8.76
境外本金不可交割远期外汇市场（NDF）	1995 年	14	30
CME 人民币期货市场	2006 年 8 月	0.07	0.1

资料来源：魏英辉：《行为金融视角下的汇率波动特征研究》，厦门大学博士学位论文，2009 年。

从表 2-1 可以看出，境外 NDF 市场的成立时间最早，交易最为活跃，其每日平均交易量远超出其他各衍生市场，而对于境内银行对企业的远期结售汇市场，虽然其成立的时间也不晚，但是市场交易的深度和广度远远落后于境外 NDF 市场；在境内远期外汇市场、掉期交易市场和境外人民币期货市场中，境内掉期交易市场的交易量最大，境内远期外汇市场次之，境外人民币期货市场最小。可见，由于在发展历史、市场环境、交易主体等方面的差异性，各个不同的衍生品市场有着不同的交易活跃程度。

第三节 人民币汇率制度改革与人民币国际化

一、人民币国际化进展

2009 年 4 月 8 日，国务院决定在上海、广州、深圳、珠海、东莞等城市先行开展跨境贸易人民币结算试点工作。2009 年 7 月 2 日，国务院六部委发布了《跨境贸易人民币结算试点管理办法》，正式开启跨境贸易人民币试点。2010 年 6 月 22 日，国务院六部委发布了《关于扩大跨境贸易人民币结算试点有关问题的通知》，将国内试点地区由 5 个城市扩展至 20 个省、市、自治区，并不再限制境外地域，还将试点业务范围扩展到货物贸易之外的其他经常项目结算。人民币跨境贸易结算试点的开展标志着人民币国际化进程开始启动，其有助于降低在我国对外贸易和跨境资本流动中对美元的依赖程度以及我国持有的美元及美国国债风险头寸，并有助于逐步推动人民币成为国际储备货币。

1. 推动人民币跨境使用的政策框架

推动人民币跨境使用的政策出发点是顺应市场需求。人民币跨境业务的发展是在 2008 年金融危机的背景下起步的。中国作为一个负责任的大国，得到了国际社会的高度认可。人民币作为汇率稳定、支付结算便利程度日益提高的货币，受到了国际市场的欢迎。

推动人民币跨境使用的政策目的是促进贸易投融资便利化，更好地服务实体经济。目前，中国是世界第一货物贸易大国，但还不是贸易强国。

推动人民币跨境使用，提高贸易投融资便利化程度，有助于境内企业规避汇率风险、节省财务成本、提高资金使用效率，有助于企业充分利用境内外两个市场、两种资源来实现资源的有效配置。此外，随着居民收入的提高，居民个人也日益希望在国际市场上优化配置资产，因此提高投资融资汇兑便利化程度，有助于满足个人金融消费的自主选择权，从而提高居民福利。

推动人民币跨境使用的政策着力点是推进相关制度改革，清理限制人民币跨境使用或存在"隐性"货币歧视的相关政策，回归人民币作为货币的自然属性。至于市场参与者是选择人民币还是其他货币，政策上不做特别的规定或限制，而是充分尊重市场参与者的自主选择权。

第一，加快外汇管理理念和方式的转变，深化外汇管理体制改革。近几年来，国家外汇管理局针对跨境资金流向复杂和规模增大、市场主体便利化需求不断增长的现实，加快了外汇管理理念和方式的"五个转变"，即从重审批转变为重监测分析、从重事前监管转变为强调事后管理、从重行为管理转变为更加强调主体管理、从"有罪假设"转变为"无罪假设"、从"正面清单"转变为"负面清单"。具体措施包括：经常项目业务流程大幅简化。简化经常项目交易的单证，支持企业集团经常项目集中收付汇与轧差净额的结算，允许所有类型的融资租赁公司收取外币租金。资本项目外汇管理进一步便利化。简化直接投资外汇登记手续，实行外资企业外汇资本金意愿结汇，赋予企业结汇选择权，规避汇率风险。便利跨境融资，取消部分债权债务行政审批手续，支持总部经济和新型贸易业态发展。改进跨国公司总部外汇资金集中运营管理、外币资金池及国际贸易结算中心外汇管理试点政策，放宽试点企业条件、简化审批流程及账户管理。促进外汇市场业务发展。适应大宗商品交易的套期保值需要，完善相应的结售汇管理，支持银行开展面向企业的大宗商品衍生品的柜台交易，帮助企业规避大宗商品价格风险。

第二，稳妥有序地推动人民币资本项目可兑换，扩大人民币跨境业务范围。在债券投资方面，2007年6月，中国人民银行、国家外汇管理局和发改委等部门允许符合条件的境内金融机构赴香港发行人民币债券。2010年8月，中国人民银行允许境外央行、港澳人民币清算行和境外人民币参与行可使用人民币投资银行间债券市场。在股票投资方面，中国人民银行不断扩大合格境内机构投资者（QDII）和合格境外机构投资者

(QFII)的主体资格，增加投资额度，并决定在条件成熟时，取消资格和额度审批，将相关投资便利扩大到境内外所有合法机构。2011年12月，中国人民银行启动人民币合格境外机构（RQFII）业务试点。2013年3月，境外合格机构主体范围扩大至境内商业银行、保险公司等香港子公司，以及香港地区的金融机构，投资范围扩大至证券交易所交易的股票、债券、权证，以及在银行间债券市场交易的金融产品。2014年4月，中国证监会批准开展香港与上海证券交易所的互联互通机制试点，又名沪港通。沪港通的开展刺激了离岸人民币需求、交易以及香港人民币产品的发展，有力促进人民币跨境使用。在人民币贷款方面，中国人民银行于2013年7月允许境内非金融机构人民币进行境外放款。

第三，加快人民币跨境使用的基础设施建设，提升人民币跨境使用效率。中国人民银行在继续完善已有的人民币跨境收付系统（RCPMIS）的同时，正组织开发人民币跨境支付系统（CIPS），以安全、稳定、高效地支持多方面的人民币跨境使用需求，包括人民币跨境贸易和投资的清算、境内金融市场的跨境货币资金清算、人民币与其他币种的同步收付业务等。该系统能覆盖世界主要时区的人民币结算需求，业务处理时间将由过去的8小时提升至17小时。

第四，积极推动政府间金融合作和政策协调，发挥人民币离岸市场的聚集、循环和辐射作用。目前，香港是最大的人民币离岸市场。自2004年1月《内地与香港关于建立更紧密经贸关系的安排》（CEPA协议）正式实施以来，香港银行就开始为本地居民提供人民币存款服务。随后两地之间的金融合作和政策协调更加紧密。先后推出允许内地金融机构赴港发行人民币债券、允许香港人民币清算行使用人民币投资内地银行间债券市场、沪港通等政策。同时，中国与新加坡、伦敦等国际金融中心的金融合作也日趋加强。2013年10月，中国和新加坡就加强双边金融合作达成多项成果，其中有关人民币跨境使用，中国同意将人民币合格境外机构投资者试点范围扩展至新加坡，投资额度为500亿元人民币，在条件成熟时，将试点开放人民币合格境内机构投资者投资新加坡市场。2014年3月，中英两国央行签署了人民币清算和结算协议。

第五，加强人民币跨境资金的流动监测与管理，防范系统性风险。中国人民银行在加快外汇管理体制改革、稳步推进资本项目开放的同时，坚持把防范跨境资金流动冲击作为工作重点，密切跟踪形势变化，针对潜在风险，加快建立跨境资金流动监测预警平台和指标体系，充实以逆周期调节为主的政策预案。加强与相关部门的监管协调，不断丰富和完善监管协调的合作形式和机制，切实打击逃税行为，切实防范洗钱和恐怖融资等犯罪行为。综合应用各种宏微观审慎金融监管工具，有效防范和抵御金融系统性风险。

2. 人民币国际化成效

近年来，人民币跨境结算业务进展顺利，结算规模不断扩大，人民币跨境流动机制运行顺畅，人民币的市场接受程度不断提高。2014年3月，渣打银行人民币全球化指数由2012年11月基期的100升至1736，上涨迅速。目前，人民币已经成为我国跨境结算的主要货币之一。根据人民币跨境收付系统（RCPMIS）数据的统计，2013年人民币跨境收付占我国国际收支的比重达到17%左右。其中，货物贸易人民币结算占进出口总额的比重达到11.7%；对外直接投资人民币结算的比重达到5.2%；外商直接投资人民币结算的比重达到21.6%。从国际使用的情况来看，根据环球同业银行金融电讯协会（SWIFT）数据的统计，人民币在过去3年中已超越22种货币，跻身于全球十大支付货币。在贸易融资方面，2013年10月，人民币超越欧元，成为仅次于美元的第二大贸易融资货币，市场份额从2012年1月的1.89%上升至8.66%，欧元则从7.87%下降至6.68%，美元以81.08%雄踞第一。人民币作为储备货币的职能也开始起步，据不完全统计，目前已有21个国家的中央银行或货币当局把人民币作为储备资产。

人民币国际化取得积极成效的最重要标志是人民币加入特别提款权（Special Drawing Right，SDR）。2008年国际金融危机爆发之后，以美元为主导的国际货币体系的缺陷进一步暴露，国际社会要求改革呼声不断增强。其中广受关注的改革方案之一是加强特别提款权的作用，以减少对美元等少数主权信用货币的依赖，而欲扩大SDR的作用和影响力，则应首先提高SDR的代表性。2010年4月，G20金融财长会议提出，进一步扩大SDR的货币篮子。顺应这一需要，人民币于2010年申请加入SDR。但国际货币基金组织（IMF）以人民币资本项下未能满足可自由使用（Freely Usable）标准的理由将人民币拒于SDR货币篮子之外。时隔5年，人民币再次申请加入SDR。2015年12月1日，IMF正式宣布人民币将于2016年10月1日加入SDR。

二、人民币国际化带来的跨境资金流动

2009 年以来，随着人民币国际化工作的逐步开展，人民币离岸市场迅速发展，人民币国际地位不断上升。不仅人民币作为汇率稳定、支付结算便利程度日益提高的货币，受到了国际市场的欢迎，而且以人民币计价和交易的境外金融产品逐步丰富。境外人民币通过存款创造已形成了一定的规模，并通过各种渠道进行跨境资金流动。

1. 境外人民币现金供给

境外人民币现金供给来源于以下三个渠道：一是个人渠道，根据相关规定，境内居民每次进入香港可以携带的人民币现金最高额为 2 万元。二是银行渠道，根据我国与周边国家签订的边贸本币结算协议，双方边境地区商业银行之间可合作跨境调运人民币现金，此外，境外人民币清算行可跨境调运人民币现金。三是地下渠道，比如地下货币兑换店、地下银行、地下钱庄等。目前，人民币现钞跨境供应回流机制基本形成，地域涵盖港澳台地区及周边国家，并不断发展起来。数据显示，2014 年，人民币现钞跨境调运总量达 516 亿元，同比增长 23.2%，稳步上升（中国人民银行，2015）。

2. 境外人民币存款创造

离岸人民币存款没有法定存款准备金要求，银行自发持有的预防性准备金比率（Precautionary Reserve Rate）较低，因此理论上，境外人民币存在无限的存款创造能力，但依据欧洲美元的发展经验看，实际并不一定如此。Makin（1972）的研究发现，欧洲美元由两部分构成：一是在美国国内形成后跨境流出至欧洲美元市场的美元存款；二是在欧洲美元市场形成的美元存款。前者占欧洲美元存款总量的 3/5，后者占比为 2/5，低于来源于在岸市场的欧洲美元存款比例。Klopstock（1970）认为，是因为资本的双向流动，使欧洲美元银行仅能将很小部分的存款留在欧洲美元体系，其余大部分则回流美国，因此虽然欧洲美元准备金率很低，但由于存款的大规模回流，欧洲美元市场的存款创造能力受到很大限制。据测算，1969 年的欧洲美元的乘数为 1.92（Lee，1973）。Hewson 和 Sakakibara（1974）研究发现，境内外美元利率能够通过影响投资者的境内外资产组合配置，引起欧洲美元的跨境流动，由此影响欧洲美元市场的存款规模。

3. 境外人民币资金跨境流动

第一，跨境贸易渠道。2011年8月，中国人民银行在全国全面开展人民币跨境贸易结算业务。中国人民银行于2011年发布了《中国人民银行关于明确跨境人民币业务相关问题的通知》，明确了贸易项下人民币跨境支付政策。目前，人民币跨境贸易存在三个结算渠道：一是企业利用境外参加行在境内代理行开立的同业往来账户间接通过境内结算行进行结算；二是企业利用在境内银行开立的非居民账户（NRA账户）通过境内结算行进行结算；三是通过人民币清算行进行贸易结算。近年来，经常项目人民币结算规模增长迅速。2014年，经常项目人民币结算规模同比增长41.6%，金额高达6.55万亿元（中国人民银行，2015）。

第二，直接投资渠道。包括人民币对外直接投资（RMB-ODI）、人民币外商直接投资（RMB-FDI）、合格境外有限合伙人（QFLP）、人民币合格境外有限合伙人（RMB-QFLP）、合格境内有限合伙人（QDLP）、合格境内投资者境外投资（QDIE）。2014年，ODI人民币结算金额为1865.6亿元，同比增长117.9%。截至2014年末，ODI人民币结算金额累计3320.5亿元。FDI人民币结算金额为8620.2亿元，同比增长92.4%。截至2014年末，FDI人民币结算金额累计16886.5亿元（中国人民银行，2015）。目前，QFLP、QDLP、RQFLP正在上海试点，QDIE在深圳试点。

第三，金融市场渠道。在股票市场方面，合格境内机构投资者（QDII）和合格境外机构投资者（QFII）的主体范围不断扩大，投资额度不断增加。2011年12月，中国人民银行启动人民币合格境外机构（RQFII）业务试点。2013年3月，境内商业银行、保险公司在香港开设的子公司，以及香港地区的金融机构可申请获得QFII主体资格，投资范围涵盖在银行间债券市场和沪深证券交易所交易的金融产品中。2014年11月，香港与上海证券交易所进行互联互通机制试点（沪港通），中国人民银行启动人民币合格境内机构投资者（RMB-QDII）业务。2015年香港与内地推出两地基金互认政策。2016年8月，香港与深圳证券交易所的互联互通机制试点（深港通）获得批准。在债券市场方面，2007年6月，中国人民银行等相关部门允许符合条件的境内金融机构赴香港发行人民币债券。2010年8月，中国人民银行允许境外央行、境外人民币参与行和港澳人民币清算行使用人民币投资银行间债券市场。

第四，银行渠道。2009年，中国人民银行允许境外人民币清算行进入全国银行间同业拆借市场拆借资金,并在投资额度内开展债券回购交易。2011年10月,境内银行的境外项目人民币贷款业务获得批准。2013年7月,中国人民银行放宽境内代理行对境外参加行的人民币账户融资期限和限额,并允许境内银行开展跨境人民币贸易融资资产跨境转让业务,允许境内非金融机构开展人民币境外放款业务以及对外提供人民币担保。2014年,中国人民银行允许跨国企业集团开展跨境人民币资金集中运营业务。2015年上海自贸区进行银行间大额可转让存单业务试点。境外人民币境内贷款正在上海自由贸易试验区、广州南沙、珠海横琴、深圳前海、福建泉州、厦门、青岛、广西、云南、江苏昆山、苏州、天津、新疆霍尔果斯等地进行试点。

第五,个人渠道。2012年8月,香港放开对非本地居民的人民币业务,赴港旅客可在香港银行开设人民币账户。

第六,官方渠道。截至2015年5月末,中国人民银行与其他国家和地区的中央银行或货币当局签署了3.1万亿元人民币规模的双边本币互换协议。

三、人民币国际化要求进一步提高人民币汇率形成的市场化程度

人民币加入SDR是人民币国际化的重要里程碑,但与此同时,加入SDR对人民币国际化和中国资本项目的进一步开放提出了更高的要求。2015年8月5日,IMF发布题为《SDR估值方法评估——初步考虑》的报告,该报告认为人民币自2010年以来在国际使用中取得"显著进步",但在操作层面,人民币加入SDR仍有些问题必须得到解决。"代表性的基于市场的汇率和利率可获得性对于SDR货币篮子的良好运转和IMF的金融操作而言是至关重要的,对冲SDR头寸的能力对于许多IMF成员国和其他SDR使用者也是很重要的。"前者要求中国继续推动汇率利率市场化改革,而后者则要求中国的在岸金融市场进一步对外开放。

此外,人民币国际化所带来的大规模跨境资金流动将增加货币政策调控的难度,尤其是当资金流动带来汇率的大幅波动时,将会使中央银行陷入维持汇率稳定和保证货币政策独立性的"两难"局面。因此,进一步推动人民币形成机制市场化改革,提高人民币汇率制度弹性,使得人民币汇率更好地体现市场供求关系,是进一步推动人民币国际化进程的必要步骤,更是成功实现人民币国际化的重要基础和保障。

第三章 行为金融视角下的人民币汇率决定模型：理论与实证

第一节 文献综述：行为金融学与汇率决定理论

一、行为金融学

1. 有效市场假说、理性假定与有限套利

有效市场假说是传统金融学的经典命题。Fama（1970）给出了有效市场的经典定义：资产价格完全反映了所有可得信息的金融市场是有效市场。根据资产价格对信息的反映程度，金融市场可分为弱有效市场、半强有效市场和强有效市场。在弱有效市场中，资产价格仅反映历史价格信息。在半强有效市场中，资产价格不仅反映了历史价格信息，而且反映了所有可得的公开信息，而在强有效市场中，资产价格反映了所有相关信息，包括历史信息、公开信息和私有信息。

有效市场假说建立在三个逐渐放松的假设基础之上（Sheilfer，2000）。第一，投资者理性假定，即假定投资者是理性的，对资产价格具有合理的预期。Grossmam（1976，1978，1981）、Grossmam 和 Stiglitz（1976）、Allen（1981）、Jordan（1992）等在不同的情形下证明了竞争性理性预期所形成的均衡资产价格能够完全揭示私人信息，使得理性预期均衡模型成为了完全竞争条件下金融市场有效性的理论基础。第二，即使在某种程度上市场存在着某些非理性的投资者，但是由于非理性投资者的交易是随机的，因此他们的非理性将会互相抵消，从而对资产价格不产生影响。第三，在某些情况下，非理性的投资者或许会犯同样的错误，但是市场中的理性套利者将会消除非理性投资者对资产价格的影响。

可见，从最宽松的假设来看，有效市场假说并不否认非理性投资者的存在，但是他们认为，由于理性套利者的套利行为，非理性投资者的影响可以忽略不计，因此理性假定依然成立。对此，Baberis 和 Thaler（2003）提出了批评，他们认为，存在以下风险或成本将会使得理性套利者的套利行为难以成效，即使得金融市场存在着"有限套利"（Limits to Arbitrage）。第一，基本面风险。Baberis 和 Thaler（2003）举了一个例子，"如果一个套利者以某一价格购买了福特公司股票，那么他所面临的最明显的风险是，市场中出现关于福特公司基本面的坏信息，由此导致福特公司股票价格的下跌。于是，作为一个套利者，他应该在购买福特公司股票的同时做空通用汽车公司的股票，但是问题在于这样的交易并不完美，因为通用汽车公司的股票并不完全等同于福特公司的股票，也就是说，套利者依然面临着福特公司特有的基本面风险"。第二，噪声交易者风险。所谓噪声交易者风险，是指短期内资产的起先"错误定价"（Mispricing）程度将会因为噪声交易者的行为而进一步加深，进而由于投资基金的代理问题和借贷因素，导致套利者提前清偿他们的投资敞口，由此最终影响套利者的套利行为。第三，执行成本。套利行为需要在金融市场中同时做多和做空资产，但是往往在金融市场中存在着做空约束，同时买卖金融资产也存在着交易成本，这些因素构成了套利交易的执行成本。第四，模型风险。当套利模型存在偏差时，套利行为自然存在着风险。

于是，既然金融市场中存在着"有限套利"现象，那么就意味着我们不能轻易忽视非理性投资者对资产价格的影响。更重要的是，许多实证研究发现，基于理性投资者假定的资产价格模型和有效市场假说并不能充分解释金融市场中存在的"异象"。例如，一是"长期反转"现象，De Bondt 和 Thaler（1985）发现股票长期的历史累计收益与未来的长期股票收益负相关，基于这个现象构造的投资策略可以获得超额收益；二是"中期惯性"现象，Jegadeesh 和 Titman（1993）发现股票中期的历史累计收益与未来的中期股票收益正相关，同样基于此构造的投资策略可以获得超额收益；三是"盈余效应"，Bernard 和 Thomas（1989）对盈余公告的事件研究发现，股票价格对盈余公告先"反应不足"，然后"反应过度"；四是"波动率之谜"，假如金融市场"有效",那么股票价格将由未来红利的预期净现值决定,这意味着股票价格的波动程度可以由贴现模型予以解释,但是 Shiller (1981) 的研究发现股价的波动幅度远超贴现模型所能够解释的程度;五是"处置效应",根据有效市场假说,如果市场是有效的,那么投资者很难获得超额收益或亏损,但是 Odean (1999)、Barber 和 Odean (2001) 等的研究发现投资者通过过度交易和处置效应(即过早卖掉盈利的股票而长期持有亏损股票)可以获得远低于资产价格模型所决定的正常收益。

可见,将投资者的非理性行为纳入资产价格的决定模型中足为必要,但是如何去刻画投资者的非理性行为及其对资产价格的影响机理,就成为了行为金融学的任务与目的。

2. 行为金融学的非理性假定与基本理论

对于投资者的非理性行为,Keynes (1936) 很早就指出,人们难以计算出市场基本面的客观价格,即便可能,收集所有相关信息的成本也是巨大的,此外,最大的困难还在于,真正的基本面变量是不清晰的,因为只有被足够多的投资者认可的基本面变量才是真正的基本面变量。因此对于投资者而言,相对于依赖于基本面分析的策略,操作更为简单且投资风险更小的投资策略是根据市场情绪(Market Sentiment)的变化采用"拇指规则"(Rule of Thumb)进行预测。也就是说,在现实中,由于认知问题(Cognitive Problem)和信息收集成本,投资者更倾向于采用简单的投资规则。

除此之外,心理学的研究还发现,人们存在着过度自信(Overc-onfidence)、保守主义(Conservation)、模糊厌恶(Ambiguity Aversion)和后悔厌恶(Regret Aversion)等非理性行为。

过度自信源于自我归因偏见(Self-attribution Bias)和盲目偏见(Hindsight Bias),自我归因偏见是指,人们倾向于将成功归因于自己的能力,而将失败归咎于运气差,而非自己的问题,所以人们难以通过不断地理性反省来纠正自己的行为,从而导致过度的自信;而盲目偏见则是指,如果人们发现对某件事情的事前预测要比实际来得准确,那么他们就会相信他们在未来将会预测得更好。根据 Barber 和 Odean (2002) 的研究结果,投资者的交易次数越多,所获得的平均收益越低,因此按道理,理性的投资者是不应该进行过度交易的,但是实际上投资者的过度交易现象却极为普遍,背后的原因正是人们的过度自信的心理。他们过于相信自己的信息能够使得他们获利，但是实际上他们赖以相信的信息其实毫无价值。

保守主义反映的现象是，人们普遍存在着思想、信念和行为的惰性，改变个人的原有信念是非常困难的，从而导致新的信息对原有信念的修正往往不足。保守主义的非理性特征可以很好地解释股票市场中的"反应不足"现象：当熊市中的股票价格随着经济基本面的好转开始走出下行通道，进入上升阶段时，虽然此时的股价明显低估，是买入的大好时机，然而由于保守主义"作祟"，大多数投资者对股市依然持悲观的情绪，无法对市场的走势进行客观、理性的判断，表现出反应"不足"的特征。

模糊厌恶即人们对主观或含糊的不确定性的厌恶程度甚于对客观不确定性的厌恶程度，Heath 和 Tversky（1991）的研究发现，人们对模糊的厌恶程度与他们对不确定性的主观概率估计能力呈负相关关系。Fox 和 Tversky（1995）的研究进一步发现，当人们之前经历了决策的失误或者周围有能力更强的参与者时，人们将会更加厌恶模糊。模糊厌恶可以很好地解释股权溢价之谜，Maenhout（2000）的研究发现，如果投资者担心他们所依据的投资模型是错误的，那么他们将要求更高的股票溢价来作为对股票收益概率分布认知模糊的补偿。

后悔厌恶是指，人们在犯错误之后都会感到后悔，并且后悔所带来的痛苦比错误引起的损失还要大，这使得人们在决策时将会尽力估计自己在未来各种情形的感受，避免将来可能的后悔，此时的决策目标并非收入最大化或损失最小化，而是后悔最小化。

可以说，心理学中有关对人们非理性的认知目标、态度、方式和偏差的研究成果为解释金融市场的异象提供了微观基础和理论依据，从而引致传统金融学中理性经济人假定的改变，并开创了新的研究方向——行为金融学。根据 Barberis 和 Thaler（2003）的观点，从理性假定修正的不同出发点，行为金融学模型可分为基于信念（Beliefs）的模型和基于偏好（Preference）的模型。基于信念的模型关注投资者在投资决策过程中所表现出来的过度自信、保守主义（Conservation）、模糊厌恶和后悔厌恶等非理性认知行为，以此解释金融"异象"（如前文所述），而基于偏好的模型则是以投资者对收益、风险的偏好模式为出发点，来研究投资者非理性行为下的资产价格，其中最著名、应用最广泛的模型是前景理论（Prospect Theory）。

前景理论由 Kahneman 和 Tversky（1979）首次提出，他们创造性地提出一种不同于均值—方差框架的非期望效用的决策目标函数，其中的值函数完全反映了投资者在不确定环境下的心理特征。他们假定：第一，投资者关注的不仅是最终得到的财富水平，而且包括投资的收益和损失；第二，投资者对收益和损失的风险态度不对称；第三，损失越大，投资者对损失的厌恶程度越低；第四，投资者模糊厌恶，对越可能发生的结果赋予更多的权重。前景理论成为行为金融学中有力的研究工具。

3. 基于异质性假定的资产价格模型

在行为金融学中，一个重要的投资者非理性假定是投资者的异质性假定。在经典的资产定价模型中，投资者被假定为同质的，即各类投资者对资产未来收益的评估是相同的。而这一假定明显悖于现实的经济观察：投资者存在着异质性特征。Miller（1977）最早提出，如果投资者存在异质性信念且市场中存在卖空限制，那么由于卖空限制，"悲观"投资者无法影响股票价格，于是股票价格仅反映"乐观"投资者的预期，高出基本面价格。此观点得到了相关实证研究的有力支持，Chen、Hong 和 Stein（2002）的研究证实了卖空限制程度高的股票确实具有更低的股票收益，Diether、Malloy 和 Scherbina（2002）的研究发现在相同的卖空限制程度下，投资者异质性程度越高的股票具有越低的收益。Harrion 和 Kreps（1978），Scheinkman 和 Xiong（2003），Hong、Scheinkman 和 Xiong（2006）综合卖空限制、投资者异质信念和再售期权等因素给出了理论解释。

除了在情绪上的差异，投资者的异质信念还表现在投资策略上的不同，据此，学者们提出了许多动态的异质性个体模型（Heterogeneous Agent Model，HAM）。在 HAM 模型中，投资者被区分为基本面分析者和技术分析者。基本面分析者根据股利、收入、宏观经济增长率、失业率等市场基本面因素对资产的内在价值进行评估，然后采用反向投资策略，即买入低估的资产，卖出高估的资产，而技术分析者则采用推断预期，认为资产价格将会延续原来的趋势，依靠技术分析策略（比如移动平均分析策略）来进行资产的买卖。最早的 HAM 模型由 Zeeman（1974）提出，他建立了包含基本面分析者和技术分析者的模型，虽然该模型并未吸纳行为金融学的重要假定，是属于比较粗浅的 HAM 模型，但是它基于基本面分析者和技术分析者的异质性行为，对资产价格泡沫的产生与泡沫及"牛"市和"熊"市间的转换进行了较好的解释，开创了在 20 世纪 70 年代非常流行的灾难理论（Catastrophe Theory）。

随着行为金融学的发展，HAM模型日渐成熟，充分吸纳了行为金融学中的投资者有限理性、情绪波动、认知问题、简单规则、异质性特征、交互行为等重要假定，同时由于计算机数值技术的发展，使高度非线性化的HAM模型的均衡求解和数值模拟成为可能，由此进一步刺激了HAM模型的发展。Lux（1995，1998）、Lux和Marchesi（1999，2000）在将投资者区分为基本面分析者和技术分析者的基础上，进一步地将每类分析者划分为乐观者和悲观者，也就是说，各类投资者不仅可在基本面分析者和技术分析者之间转换，而且还会出现"情绪的波动"，即乐观的或悲观的情绪变化。各类投资者的比例由各类投资策略的利润决定。基本面分析者和技术分析者对资产的总需求最终等于做市商的资产供给，由此确定了资产价格的均衡条件。研究显示，模型成功地模拟和解释了资产价格变动的单位根过程以及收益率的波动聚集效应、不可预测性、长期反转、尖峰后尾等现象。Brock和Hommes（1998）对异质性投资者的信念修正框架（Adaptive Belief Systems）进行了研究，Brock、Hommes和Wagener（2005）研究了类型修正强度（Intensity of Adaption）对资产价格均衡和波动性的影响。其他类似的研究，比如Delong等（1990）提出的噪声交易模型，Day和Huang（1990）提出的做市商模型，虽然不是直接基于投资策略的异质性假定，但是依然处于投资者异质性的假定框架，因此也被归属于HAM模型，更详细的文献综述可参见Hommes（2005）。

二、汇率决定理论的发展

1. 传统的汇率决定理论

传统的汇率决定理论是从价格、利率、货币供应量、经济增长等宏观经济基本面变量或居民的跨国资产选择行为来解释汇率的决定，主要包括购买力平价理论、套补利率平价理论、国际收支理论、汇率决定的货币分析法和资产组合分析法等。不同的理论侧重于不同的解释视角。具体而言，购买力平价理论强调汇率决定的价格因素；套补利率平价理论根据无套利的思想，认为汇率的未来升贴水率等于两国利率之差；国际收支理论则是从流量的角度进行分析，观点简洁，认为既然汇率是由外汇市场的供求决定，因此任何能够影响国际收支变动的因素都将影响汇率的决定；汇率决定的货币分析法进一步扩展了国际收支理论关注的外汇市场均衡视角，建立了涵盖货币市场均衡、商品市场均衡和国际市场均衡的宏观经济模型，对汇率的决定与动态变化过程进行了更全面的诠释；与其他传统的汇率决定理论相比，汇率决定的资产组合分析法的特点是假设本币资产与外币资产不可替代，同时在分析视角上不仅考虑了一国资产总量的存量因素，而且纳入了经常账户这一流量因素，使得模型能够更好地符合现实情况，该方法考虑的汇率决定因素较为全面，但是也正是这一特点在一定程度上制约了它的实际应用。

2. 外汇市场"异象"带来的挑战

毋庸置疑，传统的汇率决定理论为我们理解和把握汇率的决定与变化提供了不同的视角，然而，自从布雷顿森林体系崩溃以后，在汇率自由浮动的现实背景下，外汇市场出现了传统汇率决定理论难以解释的"异象"，使得传统的汇率决定理论面临着严峻的挑战。

首先表现在：虽然传统的汇率决定理论提出了一系列汇率变动的解释变量，但是经济现实却表明，在很多时候，汇率的变动与经济基本面毫无关系或者说关系不明显，这就是所谓的汇率波动的"无关性之谜"（Disconnect Puzzle）。例如，在1984年5月至1985年2月，美元升值的幅度达到近20%，然而此间的美元相对于其他国家的利差却在持续下降，其他的宏观经济变量（如货币增长率、产出增长率和贸易逆差）的变动趋势也很难解释美元的大幅升值。Ehrmann和Fratzscher（2005）进行了更严谨的研究，他们发现，当他们尝试着用通货膨胀指数、经常账户差额、经济增长率等经济基本面变量来解释1993~2003年美元兑欧元的汇率变动时，却发现在汇率剧烈变动的同时，宏观经济基本面并未发生大幅变动，甚至汇率变动的方向与宏观经济基本面的变动方向之间的关系与传统宏观经济理论的预测相反。Goodhart（1989）、Goodhart和Figliuoli（1991）利用高频的数据进行了相似的研究，也得出了同样的结论，并得到Faust等（2002）的进一步证实。

或许，在传统的汇率决定理论中，汇率决定的黏性价格分析法，即Dornbusch（1979）提出的汇率超调模型，能够解释汇率波动的"无关性之谜"，因为汇率超调模型给出了汇率短期偏离经济基本面，长期回归基本面的动态过程。然而，遗憾的是，依据汇率超调模型的结论，汇率对经济基本面的短期偏离是快速的，而长期回归是缓慢的，这明显不符合现实的经济观察：汇率对经济基本面的偏离是长期缓慢的，而回归是短暂快速的。因此，汇率波动的"无关性之谜"表明传统的汇率决定理论的现实解释能力存在着明显的不足。

另外，汇率收益率的波动聚集现象（Volatility Clustering）和非正态分布特征也是传统的汇率决定理论所无法解释的。波动聚集是指汇率收益率与波动率呈正相关关系，这意味着外汇市场存在着"安静"（Tranquil）和"动荡"（Turbulent）不同的两个时期。如果利用传统的汇率决定理论进行解释，那么汇率的波动聚集仅能被解释为经济基本面信息的聚集，但是，这样的结论在经验研究中难以找到支持证据。同样，汇率收益率的非正态分布特征也难以从传统的汇率决定理论中得到很好的解释。

在预测方面，Meese 和 Rogoff（1983）的实证研究表明，传统的汇率决定理论模型甚至明显地不如简单的随机游走模型。由此，宣告了传统汇率理论模型的无效性。

三、行为金融视角下的汇率决定模型

1. 外汇市场的有效性检验

面对传统的汇率决定理论陷入的困境，研究者们从 20 世纪 80 年代开始，试图从不同的分析视角，运用不同的分析方法，寻找汇率理论新的突破口。他们首先对外汇市场的有效性提出了质疑，进而实证检验了外汇市场是否有效，具体而言，主要包括：

第一，检验汇率预期是否理性。如果外汇市场中的交易者是理性的，那么他们对汇率的预期必然不存在系统偏差，也就是说，汇率预期必须是无偏的。因此在实证检验上，检验汇率预期是否理性即是检验外汇交易者对汇率的预测误差与整个信息集是否相关，如果不相关，那么意味着外汇交易者已充分利用可得信息，汇率预期不存在系统偏差，由此可以判断，交易者是理性的，否则为非理性的。MacDonald 和 Taylor（1989）研究了远期升贴水和汇率预期误差之间的关系，发现在较短的预测期限下汇率预期误差与该信息不相关，但是随着预测期限的拉长，汇率预期误差受到远期升贴水的影响程度在提高。Ito（1990）利用矩估计方法研究了日本外汇市场预期的有偏性，发现在较长的预测期限下，大多数的问卷调查对象的汇率预期误差与信息变量有关，即汇率预期存在有偏性。Chinn 和 Frankel（1994）扩展了 Ito 的研究币种，对包括众多新兴工业化国家货币在内的

25个币种的汇率预期进行了相似的研究，得到了与Ito一样的结论。Vershoor和Wolff（2002）的研究结果也支持汇率预期非理性的结论。然而，一些学者的研究却提出了相反的证据，比如，Osterberg（2000）实证检验了汇率预期误差的平稳性，发现与交易者汇率预期误差序列无关，这意味着交易者无法根据过去的汇率预期误差来调整当前的汇率预期，与有效市场假说的理性假定相符。Murphy（2008）对1997~2001年的美元兑日元汇率预期数据进行了实证研究，也认为汇率预期为理性。

第二，检验外汇市场是否可以"战胜"。无论汇率预期是否为理性的，但是外汇市场不存在有效性的结论是明显的，主要证据来源于对外汇市场是否可以"战胜"的实证检验。Levich和Thomas（1993）、Raj（2000）的研究发现，在外汇市场上采用移动平均交易规则可以获得显著的超额收益，且这些超额收益不能简单地被认为是一种交易者承担额外风险所获得的补偿。此外，外汇市场存在着动量效应。例如Lebaron（1991）以1974年1月至1991年2月的英镑、德国马克、日元汇率为研究样本，发现利用动量交易规则可获得显著的利润，Okunev和White（2003）的实证研究同样证实了美元、英镑、日元、加拿大元、法郎、澳大利亚元、瑞士法郎、德国马克8种外汇存在着动量效应，并证明了动量效应不是由于时变风险溢价而引起的。上述研究结果表明，采用一定的交易策略，外汇市场是可以"战胜"的，因此可以认为外汇市场是无效的。

对此，一些学者在不改变理性假定的条件下提出了汇率决定的新闻模型、理性投机泡沫模型、比索问题和风险补偿假说来对外汇市场的无效性进行解释。

汇率决定的新闻模型由Mussa（1979）最早提出，他将非预期到的但能够使人们对汇率的预期值进行修改的新的信息称为"新闻"，然后分析"新闻"对汇率变动的影响。根据"新闻"模型的分析结论，未预见到的即期汇率的变化是由非预期的"新闻"引起的，"新闻"的不可预见性解释了外汇市场中汇率的频繁波动，尤其是解释了汇率的变化近似于随机游走过程，从而导致远期汇率是未来即期汇率的有偏估计的现象，由此对外汇市场有效性检验失败的原因进行了一定的解释。Edwards（1983）进一步发展了新闻模型，标明了"新闻"的具体内容及其效应。Ito和Roley（1990）的实证研究表明"新闻"对汇率的变动具有影响，但是Copeland（1984）的研究却认为影响程度有限。不过无论如何，新闻模型依然无法解释汇率波动的"无关性之谜"。

Blanchard（1979）和 Donbusch（1983）提出了理性投机泡沫模型，意图对汇率变动的"无关性之谜"进行解释。理性投机泡沫模型的看法是，当由于受到外部冲击，起初的汇率相对于基本面因素决定的水平存在着一定的偏离时，持理性预期的市场参与者预期汇率将进一步偏离均衡水平，在市场投机的推动下，泡沫随之膨胀，投机者预期泡沫破灭的概率越大，所要求的风险补偿越大，汇率泡沫的膨胀程度则越大，于是逐步偏离了经济基本面。虽然 Huang（1981）的实证研究证明了理性泡沫的存在，但是在理论上，理性投机模型其实已经包含了交易者异质性的假定，说服力并不非常充分。

比索问题源自 1976 年的墨西哥比索贬值事件，由于比索的存款利率高于美元利率，人们预期比索将贬值，但是实际上比索却在不断升值，直至墨西哥政府允许比索浮动，比索"瞬时"贬值46%，贬值预期终成现实。比索问题为学者们解释汇率波动的"无关性之谜"提供了启示。Krasker（1980）等指出，当一个重大事件在无限长时期发生的可能性很大时，比如比索的高估现象，从长期来看最终要发生改变，但是在有限时期内发生的概率却是很小的，那么这样将会对短期市场参与者的行为产生重大影响，从而导致预期的汇率变动与实际发生的情况不一致的现象，最终使外汇市场有效性的检验无效。

风险补偿假说则改变了外汇市场有效性假说的风险中性假定，认为交易者是厌恶风险的，由此远期汇率和未来预期即期汇率之间存在一个风险补偿，导致远期汇率不是未来预期即期汇率的无偏估计。

遗憾的是，上述模型和假说依然无法对汇率波动的"无关性之谜"、波动聚集效应、非正态分布、动量效应等"异象"进行很好的解释。进入 20 世纪 90 年代，研究者们试图从不同的分析视角，运用不同的分析方法，来寻找汇率理论新的突破口。Obstfeld 和 Rogoff（1995）在开放经济条件下的宏观经济学中引入了名义价格刚性的和不完全竞争的微观基础，对传统的汇率决定理论模型加以完善，开创了基于微观基础的汇率宏观经济分析法。随后，Betts 和 Devereux（1996）、Hau（1998）、Obstfeld 和 Rogoff（1998，2000）、Devereux 和 Engel（1999）进一步在新开放宏观经济模型中加入工资黏性、货币不确定性、市场定价因素、货币冲击等因素，提高了模型的解释能力。可以说，较之以前的传统分析，具有微观基础的汇率宏观经济分析法更加贴近现实。但是该理论仍建立在传统汇率理论理性预期假定的框架基础上，侧重于对宏观经济变量与汇率之间的关系进行研究，因此依然没有解决传统宏观汇率决定理论在实证检验上的困境。最直接的体现是，具有微观基础的汇率宏观经济分析法目前还缺乏成功的经验研究的支持（陈雨露、侯杰，2005）。

为此，研究者开始将研究视角转向外汇市场微观结构和异质性交易者的市场行为，出现了外汇市场微观结构理论和行为金融视角下的汇率决定理论模型。

外汇市场微观结构理论主要以 Lyons（1995）、Evans（2001）、Evans 和 Lyons（2002）的"订单流"研究为代表，关注的是信息在外汇市场中如何传播和处理，以及最终如何反映到汇率的波动上。他们的研究发现，订单流数据可以解释 40%~70% 的汇率波动（Evans，2001），而宏观经济数据公告和其他一些可分辨的宏观经济数据的变化在考虑订单流数据后对汇率波动的直接影响不大。但是由于订单流仅是信息载体，上述结论并不能认为订单流本身能够引起汇率的变化，而宏观经济变量对汇率变动没有影响。较之于传统宏观汇率模型，微观结构理论合理地解释了汇率的高交易量和高波动性等特征，但缺陷在于其忽视了宏观经济基本面的分析，而且只是从信息获取的角度区分了异质性交易者，未考察交易者的主观预期对汇率变化的影响，因此未能更全面地揭示汇率变动的深层原因。

2. 外汇市场中交易者的异质性现象

现实中，外汇市场上所存在的远远超出商品与服务贸易需求的巨额交易量表明，外汇市场交易者的预期存在着异质性。20 世纪 90 年代以来，许多学者所做的问卷调查和经验分析都证明了这一事实。Frankel 和 Froot（1990）、Takagi（1991）、Allan 和 Taylor（1992）的问卷调查研究均发现，外汇市场中存在着推断预期的参与者或称技术分析者（Chartist）和回归预期的参与者或称基本面分析者（Fundamentalist），对于汇率的短期预期（一般指短于一个月），市场交易者倾向表现为技术分析者，预测汇率延续原有的变动趋势，而对于汇率的长期预期（一般指三个月以上），市场交易者则倾向表现为基本面分析者，预期汇率在长期内将会回归到基本面的汇率水平。

那么，什么因素导致了汇率预期的异质性？一是拥有相同信息集的交易者由于对汇率预期方式选择上的不同偏好或者对同一信息变量所赋予的权重不同，从而对他们所获得的信息持有不同的信念，这一因素被称为预期的异质效应；二是信息的不对称导致了交易者所获得的信息存在着差异，称之为预期的个体效应。Ito（1990）基于日元兑美元的汇率预期的问卷调查研究表明，交易者的异质预期来源于交易者的个体效应而非异质效应。在具体检验中，Ito（1990）将不同交易者对汇率的预期分解为基于公共信息的共同预期、个体效应以及随机扰动项三个部分，以检验个体效应。假若个体效应存在，那么经过个体效应横截面均值的正规化，个体汇率预期与其横截面均值之间的差异应该显著不为零。研究发现，无论预测期的长短，全体样本中有一半左右的被调查对象存在着显著不为零的个体效应。为了检验异质效应，Ito（1990）将一部分经济变量（远期汇率、滞后期汇率变动）从公共信息集中分离出来，此时，个体汇率预期与横截面均值之间的差异不仅体现了个体效应，而且还表现了异质效应，那么可以利用个体汇率预期与其横截面均值之间的差异对信息集经济变量进行回归，然后根据系数的显著性来判断交易者预期的异质效应。

与 Ito 研究相反，MacDonald 和 Marsh（1996）对七大工业国（G7）150 家机构提供的 1989~1992 年美元对英镑、马克、日元三种货币的汇率预期月度数据所进行的实证分析证实了汇率预期的异质性，却反对异质效应的存在。此外，他们还发现，随着预测期的延长，单独拒绝个体效应的对象数量不会发生较大变动，而接受个体效应与异质效应均不存在的联合原假设的个体数量却在逐渐减少。同样，Bénassy-Quéré 等（2003）、Frenkel 等（2008）的问卷调查研究也支持了异质效应的存在。另外，Dreger 和 Stadtmann（2008）在认同汇率预期具有异质性的基础上，还考察了可能引起汇率预期异质性的具体信息来源，发现交易者对基本面的预期的不同也会导致汇率预期的异质性。

可见，汇率预期异质性是当前浮动汇率制度下外汇市场的典型特征。正是理性预期和静态预期的前提假定，使得传统的汇率理论模型难以解释布雷顿森林体系崩溃后浮动汇率制度下汇率的变动。

3. 基于交易者异质性假定的汇率决定模型

基于上述关于汇率预期异质性的经验证据，学者们建立了基于预期异质性假定的现代汇率决定理论模型。Frankel 和 Froot（1991）首先进行了尝试，他们在弹性价格货币模型中假定存在三种交易者：技术分析者、基本面分析者和资产组合经理，最终发现汇率泡沫或者汇率对基本面的偏离其实是资产组合经理对外汇市场中技术分析者和基本面分析者所占比重变化的"认知"偏差所导致的结果。De Grauwe 和 Dewachter（1993）的数值模拟表明，引入汇率预期异质性的非线性汇率动态过程能够很好地拟合汇率的序列非平稳性以及远期汇率替代汇率预期的有偏性。Neuberg 等（2004）将外汇市场交易主体划分为基本面分析者、噪声交易者（Noise Traders）、新闻交易者（News Traders）和单纯交易者（Naive Traders）四种类型，利用基因算法模拟了交易者交互式的适应性学习过程，从而对交易者异质预期行为如何影响汇率的短期和长期动态进行了研究。De Grauwe 和 Grimaldi（2006）将交易者的交易策略区分为基本面分析与技术分析两种，而且假设交易者将依据其过去的利润来选择当期的交易策略，由此建立了内生性的汇率决定模型。Manzan 和 Westerhoff（2007）考虑了技术分析者和基本面分析者的相互作用，提出了一个更加完善的汇率决定模型，研究表明，该模型很好地解释了大多数汇率的波动，而且对样本期限外市场汇率的预测有较高的准确性。最后，Bauer 等（2008）提出了不同汇率制度下的基于预期异质性假定的汇率决定模型，对过度波动性、厚尾性、波动聚集等汇率典型特征进行了很好的拟合。

总之，基于交易者预期异质性假定的汇率决定理论模型，引入了更符合经验事实的微观基础，而又不脱离传统的宏观基本面分析方法，从而对现实汇率的波动具有更强的解释和预测能力。

第二节 行为金融视角下的人民币汇率决定理论模型

2005 年汇改后，人民币汇率制度改革的进一步深化提高了人民币汇率制度的灵活性，使人民币汇率更加反映市场供求变化，初步实现了人民币汇率形成机制的市场化。类似于布雷顿森林体系崩溃后西方发达国家的外汇市场，汇改后的人民币外汇市场也出现了汇率预期的异质性特征。李晓峰等（2010）对 Bloomberg 每月定期公布的汇率预期值进行了异质性检验，检验结果表明，人民币汇率预期存在着异质性，表现为交易者在汇率预期的形成过程中对预期模型的选择具有不同的偏好，具体而言，预期模型有推断预期模型、回归预期模型和适应性模型,其中利用适应性模型进行汇率预期的交易者人数最少,推断预期模型和回归预期模型是人民币外汇交易者所采用的主要预期模型,最后,研究结果还显示,异质性水平会随着预期间距延长而增大。[①]

于是,基于李晓峰等(2010)的研究,本章假定人民币外汇市场存在着两类异质性交易者,即基本面分析者(Fundamentalist)和技术分析者(Chartist),然后构建行为金融视角下的人民币汇率决定理论模型,进而通过实证研究来检验我国外汇市场上交易者的异质性特征及其对汇率变动的影响。

根据前文对行为金融理论的综述,经济个体在理解复杂的外部世界时,并不像理性预期理论所假定的那样具有完美的认知能力,而是存在着一个认知问题(Cognitive Problem),即他们难以有效地获取和处理他们所面对的复杂信息,由此导致他们在现实中总是利用简单的规则来指导他们的经济行为。于是,假定基本面分析者和技术分析者采用简单的预测规则,即前者采用回归预期规则,后者采用推断预期规则。具体而言,基本面分析者是根据以往的现实汇率水平和基本面汇率水平[②]之差来预测未来的汇率变动,认为偏离基本面水平的现实汇率将会逐渐回归到基本面汇率水平:

$$E_{f,t}(e_{t+1}) = e_{t-1} + \alpha(e^*_{t-1} - e_{t-1}) \tag{3-1}$$

其中,$\alpha > 0$,e_{t-1} 是 $t-1$ 期的现实汇率水平,e^*_{t-1} 是 $t-1$ 期的基本面汇率水平。需要注意的是,式(3-1)隐含着一个重要假设:当基本面分析者在 t 期对 t+1 期的现实汇率水平进行预测时,其可知的信息集为截止 t-1 期的现实汇率和基本面汇率的有关信息,[③]或者说,基本面分析者的上述预测先于 t 期汇率的最终形成。[④]这一假设显然不同于以往传统宏观汇

[①] 陈蓉等(2009)和丁志杰等(2009)对人民币预期进行了相关研究,但是他们的研究都是以投资者预期同质性为前提假设。
[②] 值得一提的是,基本面汇率(Fundamental Exchange Rate)与均衡汇率(Equilibrium Exchange Rate)的概念存在着本质的差别:基本面汇率是指与宏观经济基本面一致的汇率水平,即由宏观经济基本面所决定的汇率水平,相对应的概念是汇率对宏观经济基本面的"偏离";而均衡汇率是指欲达到宏观经济内外均衡时汇率所应该达到的合意水平,相对应的概念是汇率的"失调"。
[③] 同样,Hellwig(1982)、Blume 等(1994)、De Grauwe 和 Grimaldi(1995)也采用了如此设定。
[④] 后文将会显示,其实交易者在 t 期对 t+1 期的现实汇率水平的预测以及相应的资产选择行为决定了 t 期汇率的形成。

率模型中的理性预期假设，在传统的理性预期框架下，经济个体具有完美的认知能力，可以掌握 t 期的所有信息，由此对 t 期的现实汇率有着完全的认知。显然，与之相比较，上述假设更符合现实情况。

而技术分析者则采用推断预期的方式，即根据以往汇率的走势来预测未来汇率的走势：

$$E_{c,t}(e_{t+1}) = e_{t-1} + \beta(e_{t-1} - e_{t-2}) \tag{3-2}$$

其中，$\beta > 0$，其经济含义是，技术分析者预期现实汇率将会延续以往的趋势，表现出"追涨杀跌"的行为特征。同样，技术分析者在 t 期对 t+1 期的现实汇率水平的预测信息集为截至 t-1 期的现实汇率的有关信息。由于此类预期形成方式忽略了任何有关宏观经济基本面的信息，因而技术分析者也被视为一种噪声交易者（Delong，1990）。

接下来，我们探讨外汇市场交易者的资产选择行为。显然，可投资的资产分为本币资产和外币资产。假定一个典型的外汇市场交易者在 t 期的可支配财富总量为 $W_{i,t}$（$i = c, f$，下同），投资于无风险利率为 r_t^* 的外币资产的数量为 $d_{i,t}$，投资于无风险利率 r_t 的本币资产的数量则为 $W_{i,t} - e_t d_{i,t}$，期末后财富总量变为 $W_{i,t+1}$，e_t 为直接标价法下的汇率，$W_{i,t}$ 以本币计价。①不难得到以下等式：

$$W_{i,t+1} = (1 + r_t^*)e_{t+1}d_{i,t} + (1 + r_t)(W_{i,t} - e_t d_{i,t}) \tag{3-3}$$

外汇市场交易者的目的是在两类资产上进行最优资产组合配置以实现期望效用的最大化。假设交易者的期望效用函数为：

$$U_{i,t}(W_{i,t+1}) = E_{i,t}(W_{i,t+1}) - \frac{1}{2}\mu_i \upsilon_{i,t}(W_{i,t+1}) \tag{3-4}$$

即交易者的预期效用与其所获得的期望财富额 $W_{i,t+1}$ 成正比，与相应的以财富额的方差 $\upsilon_{i,t}(W_{i,t+1})$ 为代表的风险成反比。其中，μ_i 为交易者 i 的风险厌恶系数，其合理范围应该为 0~4。将式（3-3）代入式（3-4），整理化简，并对 $d_{i,t}$ 求一阶偏导等于零，可以得到各交易者的最优外币资产持有量为：

---

① 需要注意的是，从现实的角度来看，投资者也可以投资于风险资产，如房地产、金融资产或实物资产，然而，考虑我国资本账户项目并未开放的事实，本书即假定投资者仅能获得持有货币本身的无风险收益，也就是说，本书仅关注投资的汇率风险。另外，引入风险资产将会使本书模型的分析复杂化。

$$d_{i,t} = \frac{(1+r_t^*)E_{i,t}(e_{t+1}) - (1+r_t)e_t}{\mu_i(1+r_t^*)^2 v_{i,t}(e_{t+1})} \quad (3-5)$$

进一步，我们假定两类交易者并非固定使用单一的预期规则，而是通过比较两类预期规则所获得的事后盈利性，来决定对下期规则的选择。如果选择其中某一种预期规则能给他们带来更多的效用，那么他们将会选择这种预期规则。这种试错式的选择机制是不确定环境下对信息不完全获知的个体所采用的最优办法（De Grauwe & Grimaldi，2006）。在此情况下，外汇市场中使用不同预期规则的不同交易者所占的比例是关于各预期规则所能带来的利润的函数：

$$\omega_{f,t} = \frac{\exp^{\pi'_{f,t-2}}}{\exp^{\pi'_{f,t-2}} + \exp^{\pi'_{c,t-2}}} \quad (3-6)$$

$$\omega_{c,t} = \frac{\exp^{\pi'_{c,t-2}}}{\exp^{\pi'_{c,t-2}} + \exp^{\pi'_{f,t-2}}} \quad (3-7)$$

其中，t 期 $\pi'_{f,t-2}$、$\pi'_{c,t-2}$ 为风险调整后的利润，这是因为采用不同预期规则所获得的利润存在着不确定性，那么交易者在评价和选择各预期规则的收益时，必然会将相应的风险予以考虑。见式（3-8）：

$$\pi'_{i,t} = \pi_{i,t} - \frac{1}{2}\mu_i v_{i,t} \quad (3-8)$$

其中，$\pi_{i,t}$ 为交易者 i 于 t–1 期的投资，t 期到期的利润。若考虑资金的时间成本，投资利润则为：

$$\pi_{i,t} = W_{i,t+1} - (1+r_t)W_{i,t} = [(1+r_t^*)e_{t+1} - (1+r_t)e_t]d_{i,t} \quad (3-9)$$

风险由各预期规则的预期误差来衡量：

$$v_{i,t}(e_{t+1}) = [E_{i,t-2}(e_{t-1}) - e_{t-1}]^2 = [e_{t-3} + \alpha(e_{t-3} - e_{t-3}^*) - e_{t-1}]^2 \quad (i = c, f)$$
$$(3-10)$$

将各市场交易者对外汇的需求加总，即可得到总的外汇需求：

$$D_t = \omega_{f,t}d_{f,t} + \omega_{c,t}d_{c,t} \quad (3-11)$$

最终外汇市场的出清条件为总外汇需求等于总外汇供给：

$$Z_t = D_t = \omega_{f,t}d_{f,t} + \omega_{c,t}d_{c,t} \quad (3-12)$$

将式（3-5）至式（3-7）代入式（3-12），即可得到 t 期的出清汇率为：

$$e_t = \left(\frac{1+r_t^*}{1+r_t}\right) \frac{1}{\sum_{i=1}^{2} \frac{\omega_{i,t}}{\mu_i(1+r_t^*)\upsilon_{i,t}(e_{t+1})}} \times \left(\sum_{i=1}^{2} \frac{E_{i,t}(e_{t+1})\omega_{i,t}}{\mu_i(1+r_t^*)\upsilon_{i,t}(e_{t+1})} - Z_t\right)$$

(3-13)

进而，总外汇供给来源于两方面：第一，来自于央行干预的外汇供给 V_t；第二，来自于经常账户的贸易净顺差 C_t。于是，式（3-13）可进一步表示为：

$$e_t = \left(\frac{1+r_t^*}{1+r_t}\right) \frac{1}{\sum_{i=1}^{2} \frac{\omega_{i,t}}{\mu_i(1+r_t^*)\upsilon_{i,t}(e_{t+1})}} \times$$

$$\left(\sum_{i=1}^{2} \frac{E_{i,t}(e_{t+1})\omega_{i,t}}{\mu_i(1+r_t^*)\upsilon_{i,t}(e_{t+1})} - \gamma_1 \times V_t - \gamma_2 \times C_t\right)$$

(3-14)

由此，本章建立了汇率决定的一般化方程。从式（3-14）可以看出，影响汇率决定的主要因素有：

第一，微观个体因素，包括微观个体的异质性预期及其风险厌恶特征。当其他因素不变时，市场交易者对汇率的预期对汇率的走势具有正向作用，当异质性交易者普遍预期汇率贬值（或升值）时，现实汇率将会贬值（或升值），而当异质性交易者对汇率的走势具有不同的看法时，则汇率的走势取决于两类交易者的力量对比：当基本面分析者占主导地位时，汇率变动将呈现出向基本面回归的趋势；而当技术分析者占主导地位时，汇率变动则延续以往的变动趋势。另外，从式（3-14）中可以看出，微观个体的风险厌恶特征是影响汇率变动的重要因素，但是由于影响机理比较复杂，难以辨清确切方向。

第二，宏观经济基本面因素，主要有经常账户差额 C_t 以及两国货币资产收益率 r_t、r_t^*。当一国经常账户差额为顺差，即 $C_t > 0$ 时，外币贬值，本币升值，γ_2 为相应影响程度。显然，影响经常账户差额变动的其他宏观经济基本面因素，如各国的 GDP、CPI、生产率水平、财政支出等因素，都会影响汇率的变动。当国外货币资产收益率提高，或国内货币资产收益率降低时，外币升值，本币贬值。

第三，政策干预因素。式（3-14）显示，当央行在外汇市场上买入外汇时，即外汇供给 $V_t < 0$ 时，外币将会升值，反之，则会贬值。另外，央行

干预 V_t 对汇率决定的效应还取决于 γ_1、r_t、r_t^*、$\omega_{i,t}$、μ_i、$\upsilon_{i,t}(e_{t+1})$ 等变量。其中 $\gamma_1 \geqslant 0$，代表了一国汇率制度的安排。在完全浮动汇率制度下（比如西方发达国家的汇率制度安排），$\gamma_1 = 0$，此时该国汇率的决定完全由微观个体的市场行为和宏观经济基本面决定，不存在央行干预的政策影响；在固定汇率制度下（比如2005年7月汇改之前我国的汇率制度安排），$\gamma_1 \to +\infty$，央行干预的政策因素对汇率的决定具有完全的决定作用，而微观个体的市场行为和宏观经济基本面等因素不具有任何决定作用；在管理浮动汇率制度下（比如我国当前的汇率制度安排），$0 < \gamma_1 < +\infty$，汇率由微观个体的市场行为、宏观经济基本面和央行干预等因素共同决定，γ_1 越小，意味着该国汇率决定的市场化程度越高。

第三节 实证方法：Unscented 卡尔曼滤波

结合式（3-1）、式（3-2）、式（3-5）、式（3-6）、式（3-7）和式（3-10），式（3-14）的汇率决定公式可以进一步表示为汇率关于以下变量的函数：

$$e_t = e_t(e_{t-1}, e_{t-2}, e_{t-3}, e_{t-4}, e_{t-5}, e_{t-6}, e_{t-1}^*, e_{t-3}^*, e_{t-5}^*, r_t^*, r_t, r_{t-2}^*, r_{t-2}, V_t, C_t) \quad (3-15)$$

对于基本面汇率 e_t^*，由于本章的汇率决定理论模型是基于外汇市场交易者的最优资产配置行为而建立的，因此假定基本面分析者对基本面汇率水平 e_t^* 的估计依据是利率平价理论。在此假定下，基本面汇率 e_t^* 服从以下过程：

$$\ln(e_t^*) = \ln(e_{t-1}^*) + \theta[\ln(1 + r_t) - \ln(1 + r_t^*)] \quad (3-16)$$

其中，θ 为基本面分析者根据两国货币资产收益率对基本面汇率的估计系数，可能为1，也可能不为1。θ 为1时，代表基本面分析者完全按照利率平价来估计基本面汇率水平，θ 不为1时，代表基本面分析者对按利率平价理论所估计得到基本面汇率水平进行了一定程度的调整。

现实中，我们难以观测到式（3-16）中的基本面汇率 e_t^*，而只能观测到式（3-15）的现实汇率 e_t，以及现实汇率变动的历史信息，还有两国货币资产收益率、央行干预和经常账户顺差等经济信息。可见，式（3-15）和式（3-16）分别构成了卡尔曼滤波模型的观测方程和状态方程。但是，由于式（3-15）和式（3-16）为非线性方程，传统的线性卡尔曼滤波方法不能适用，因此采用能够很好解决非线性问题的 Unscented 卡尔曼滤波方法。[①]

将式（3-15）和式（3-16）表示成卡尔曼滤波模型的状态空间形式：

$$y_t = f(x_t, u_t, n_t) \tag{3-17}$$
$$x_t = h(x_{t-1}, u_t, w_t) \tag{3-18}$$

其中，y_t 为可观测的现实汇率 e_t，x_t 为不可观测的基本面汇率 $(e_{t-1}^*, e_{t-2}^*, e_{t-3}^*, e_{t-4}^*, e_{t-5}^*)^T$，$u_t$ 代表 $(e_{t-1}, e_{t-2}, e_{t-3}, e_{t-4}, e_{t-5}, e_{t-6}, r_t^*, r_t, r_{t-2}^*, r_{t-2}, V_t, C_t)^T$，为输入变量，$n_t$ 为观测噪声，w_t 为状态变量的生成过程中的状态噪声。式（3-17）中的 f 代表输出观测模型，对应于式（3-15）外汇市场出清汇率的决定，式（3-18）中的 h 代表状态转换模型，对应于式（3-16）基于利率平价的基本面汇率的决定。

在 UKF 方法中，对于非线性问题的解决，采用 UT 变换（Unscented Transformation）的方法。UT 变换思想为：假若欲基于式（3-17）的 y = f(x) 的非线性函数，根据 x 的均值 $\bar{x}$ 和协方差 P_{xx} 来计算预测值 y 的均值 $\bar{y}$ 和协方差 P_{yy}，那么则可选择一些点使其样本均值和样本协方差分别为 $\bar{x}$ 和 P_{xx}，将这些点中的每个点代入非线性函数得到变换后的点，相应的样本均值和样本协方差即为 $\bar{y}$ 和 P_{yy}。关于样本点的选择，均值为 $\bar{x}$ 和协方差 P_{xx} 的 L 维随机变量 x 可以用 2L + 1 个加权 sigma 点来选择。具体而言，利用 UKF 方法估计式（3-17）和式（3-18）的过程为：

将状态变量、状态噪声变量和观测噪声变量合成一个变量考虑，$x_t^a = (x_t^T \ w_t^T \ n_t^T)^T$，$x_{t|t}^a$ 和 $P_{t|t}^a$ 分别为 x_t^a 在 t 期的均值和方差，为了捕捉 x_t^a 的真实均

[①] 目前，存在着两种解决非线性问题的卡尔曼滤波方法：扩展式卡尔曼滤波方法（EKF）和 Unscented 卡尔曼滤波方法（UKF）。EKF 方法只是简单地用一阶近似将非线性模型线性化，然后再利用线性卡尔曼滤波方法；而 UKF 方法则通过设计少量的 sigma 点，根据 sigma 点经由非线性函数的传播，计算出状态变量的统计特性，不进行局部线性化，也不引入系统化误差。研究表明，同 EKF 相比，UKF 方法的滤波精度和稳定性非常好，几乎可以"重现"数据生成的原过程。相关研究可参见 Julier 和 Uhlmann（2004）。

值和方差，我们选取 n_a 个加权 sigma 点 $\varphi_i = \{W_i, \chi_i^a\}$，其中 $n_a = n_x + n_w + n_n$。

$$\chi_0^a = x_{t|t}^a$$

$$\chi_{i,t|t}^a = x_{t|t}^a + (\sqrt{(n_a + \lambda)} P_{t|t}^a)_i, \quad i = 1, \cdots, n_x$$

$$\chi_{i,t|t}^a = x_{t|t}^a - (\sqrt{(n_a + \lambda)} P_{t|t}^a)_i, \quad i = n_x + 1, \cdots, 2n_x$$

$$W_0^{(m)} = \frac{\lambda}{n_a + \lambda}$$

$$W_0^{(c)} = \frac{\lambda}{n_a + \lambda} + (1 - \alpha^2 + \beta)$$

$$W_i^{(m)} = W_i^{(c)} = \frac{1}{2(n_x + \lambda)}$$

其中，$\lambda = \alpha^2 (n_a + \kappa) - n_a$，$\kappa \geq 0$，$0 \leq \alpha \leq 1$，$\beta \geq 0$，$(\sqrt{(n_a + \lambda)} P_{t|t}^a)_i$ 为 $(n_a + \lambda) P_{t|t}^a$ 的矩阵平方根的第 i 列向量。在实证中，$\kappa = 2$，$\alpha = 0.9$，$\beta = 2$。假设状态噪声 w_t 和观测噪声 n_t 分别服从方差为 Q 和 R 的正态分布。

由此，UKF 卡尔曼滤波①的预测过程为：

$$\chi_{t+1|t}^x = h(\chi_{t|t}^x, \chi_{t|t}^w)$$

$$x_{t+1|t} = \sum_{i=1}^{2n_a+1} W_i^{(m)} \chi_{i,t+1|t}^x$$

$$P_{t+1|t} = \sum_{i=1}^{2n_a+1} W_i^{(c)} [\chi_{i,t+1|t}^x - x_{t+1|t}][\chi_{i,t+1|t}^x - x_{t+1|t}]^T + Q$$

$$\varphi_{t+1|t} = f(\chi_{t+1|t}^x, \chi_{t|t}^n)$$

$$y_{t+1|t} = \sum_{i=1}^{2n_a+1} W_i^{(m)} \varphi_{i,t+1|t}$$

校正过程为：

$$P_{xy,t} = \sum_{i=1}^{2n_a+1} W_i^{(c)} [\chi_{i,t+1|t}^x - x_{t+1|t}][\varphi_{i,t+1|t} - y_{t+1|t}]^T$$

$$P_{yy,t} = \sum_{i=1}^{2n_a+1} W_i^{(c)} [\varphi_{i,t+1|t} - y_{t+1|t}][\varphi_{i,t+1|t} - y_{t+1|t}]^T + R$$

增益矩阵 $K_{t+1} = P_{xy,t} P_{yy,t}^{-1}$

---

① 关于卡尔曼滤波的详细讨论可参见 Hamilton（1996）。

$$x_{t+1|t+1} = x_{t+1|t} + K_{t+1|t+1}(y_t - y_{t+1|t})$$
$$P_{t+1|t+1} = P_{t+1|t} - K_{t+1}P_{yy,t}K_{t+1}^T$$

由此 y_t 的条件分布为：

$$y_t | x_t, \Omega_{t-1} \sim N(y_{t+1|t}, P_{yy,t})$$

最终可构造样本对数似然函数为：

$$\log L(\theta) = -T\log 2\pi - \frac{1}{2}\sum_t \log|P_{yy,t}| - \frac{1}{2}\sum_t \log(y_t - y_{t+1|t})^T(P_{yy,t})(y_t - y_{t+1|t})$$

(3-19)

待估计的参数 θ 为 $(\alpha, \beta, \mu_f, \mu_c, \gamma_1, \gamma_2, \theta, Q, R)$。利用数值算法最大化该样本对数似然函数，即可估计出各参数值，进而得到式（3-1）至式（3-14）等相关变量值。

第四节　实证结果与分析

一、数据选取与处理

研究样本区间为 2005 年 7 月至 2010 年 9 月，数据频度为月度。人民币汇率 e_t 数据为人民币兑美元每月汇率中间价（直接标价法），数据来源于 Wind 数据库；人民币货币资产收益率 r_t 以银行间一个月期债券抵押回购利率作为代表，美元货币资产收益率 r_t^* 以美国一个月期国债利率作为代表，数据均来源于 Wind 数据库；我国央行干预因素以外汇储备增加额（月度）为代表，数据来源于 Wind 数据库；经常账户净顺差以我国进出口差额（月度）为代表，数据来源于中经网数据库。外汇储备增加额和进出口差额的数据单位为百亿美元。

二、模型的估计与检验

笔者编写了与上述汇率决定理论模型相应的 Unscented 卡尔曼滤波估计程序，估计软件为 Matlab7.6。在估计过程中，为了尽可能避免对数似然值出现局部最大化现象，对于待估计的参数集 θ 的初始值，并不是选取单一的初始值，而是在每个参数的合理范围之内随机生成数值，然后构成不同参数集的初始值，多次估计 Unscented 卡尔曼滤波模型，以使式（3-19）的对数似然值尽量达到最大。

对于模型的合适性检验，分为两部分：一是模型拟合度的检验，采用残差的平均平方根和泰勒不等式系数作为检验统计量，其中泰勒不等式系数值的范围为 0~1，其值越小，意味着拟合度越好；二是对模型的拟合残差进行平稳性检验。最终，所估计得到的模型的拟合残差平方根为 0.14，泰勒不等式系数为 0.01，可见模型具有很好的拟合度。拟合残差的平稳性检验结果显示，ADF 检验统计量值为 -3.44，可以在 5% 的显著性水平上拒绝单位根原假设，也就是说，模型的拟合残差是平稳的，这意味着模型的估计是合理的。

三、估计结果与分析

表 3-1 给出了模型参数的估计值。表中显示，各参数的估计值都在 1% 的显著性水平上显著。结果表明，汇改后人民币外汇市场存在着显著的两类异质性预期者，在基本面分析者的预期中，偏离基本面汇率的现实汇率向基本面汇率的回归系数为 -9.83，而在技术分析者的预期中，现实汇率对以往汇率趋势的延续系数为 12.02，完全符合前文的经济理论假定。在风险厌恶系数方面，基本面分析者的风险厌恶系数为 0.20，几乎为零，技术分析者的风险厌恶系数为 5.23，可见技术分析者更加厌恶风险，而基本面分析者则倾向于风险中性，该结果是符合经济直觉的：技术分析者采用推断式预期，在市场行情好的时候，技术分析者"追涨"，而当市场一有"风吹草动"的时候，技术分析者则"杀跌"，可以说，对于市场的变化，技术分析者非常敏感，表现出较高的风险厌恶特征，而基本面分析者采用回归式预期，认为以往偏离基本面汇率的现实汇率将会回归到基本面汇率水平，在投资上采用"反向"投资策略，即做多低估的货币资产，做空高估的货币资产，尤其是，现实汇率对基本面汇率的偏离程度越高，基本面分析者采用"反向"投资策略的意愿越强烈，即便此时所面临的投资风险正在增加，而基本面分析者还倾向于表现出较低的风险厌恶程度。

来自央行干预的外汇供给对人民币汇率的影响系数 γ_1 为 10.55，数值并非很大，符合我国采取管理浮动汇率制度安排的现实特征；来自经常账户顺差的外汇供给的影响系数为 1.89。可见模型的估计结果充分地反映了我国的经济事实：为了减缓经常账户顺差所带来的人民币升值压力，我国央行在外汇市场进行"买美元，抛人民币"的外汇市场干预。最后，θ 估计值表明基本面分析者基于利率平价对基本面汇率水平的估计系数为 0.05，意味着基本面分析者在预期中对按利率平价理论所估计得到的基本面汇率水平进行了一定程度的调整，而不是完全按照利率平价进行判断（见表 3-1）。

表 3-1 模型参数估计值

参数	α	β	μ_f	μ_c	γ_1	γ_2	θ	Q	R
结果	-9.83 (0.024)	12.02 (0.427)	0.20 (0.001)	5.23 (0.008)	10.55 (0.023)	1.89 (0.009)	0.05 (0.000)	0.03 (0.000)	0.19 (0.0003)
P 值	<0.000	<0.000	<0.0001	<0.0001	<0.0001	<0.0001	<0.0001	<0.0001	<0.0001

注：括号内为相应参数估计值的标准差。
资料来源：根据 Matlab 7.6 数据软件估计得到。

基于以上估计参数，我们可以进一步计算出式（3-1）至式（3-14）的模型相关变量值。图 3-1 给出了基本面分析者"心目"中的基本面汇率水平，图 3-2 给出了现实汇率对该基本面汇率水平的偏离程度。从图 3-1 可以看出，在汇改后的最初阶段，人民币兑美元的基本面汇率水平为 6.99，相较于基本面汇率水平，美元币值明显高估，高估程度达到约 1.2。从趋势来看，在 2007 年 9 月之前，基本面汇率水平呈下降趋势，而在此之后，基本面汇率水平呈上升趋势。主要原因在于：2007 年 9 月之前，美元收益率高于人民币收益率，且高出的程度呈下降趋势，而到了 2007 年 9 月之后两国货币收益率出现了"倒挂"，人民币收益率高于美元收益率，且收益率之差在不断扩大（见图 3-3），由此导致基本面汇率水平于 2007 年 9 月出现结构性变化。图 3-2 表明，在 2008 年 7 月之前，与基本面汇率水平相比，美元币值处于高估的状态，但是随着汇改后美元的不断贬值，高估程度逐渐减缓，而到了 2008 年 7 月以后，美元的贬值有些过度，导致美元币值出现一定程度的低估。

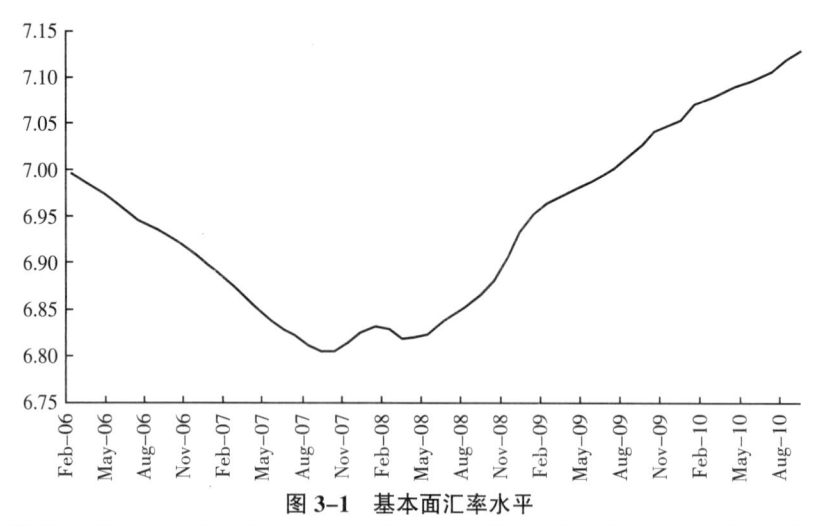

行为金融视角下的人民币汇率形成机理及最优波动区间研究

图 3-1 基本面汇率水平

注：研究样本区间为 2005 年 7 月至 2010 年 9 月。Feb-06 指 2006 年 2 月，May-06 指 2006 年 5 月，以此类推，后文同此处。
资料来源：根据 Matlab 7.6 数据软件估计得到。

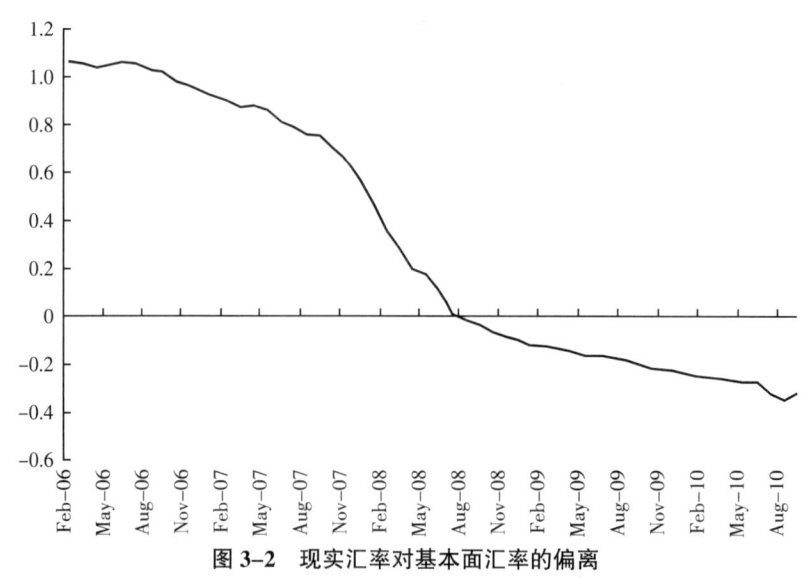

图 3-2 现实汇率对基本面汇率的偏离

资料来源：根据 Matlab 7.6 数据软件估计得到。

第三章 行为金融视角下的人民币汇率决定模型：理论与实证

图 3-3 美元和人民币的货币收益率之差（虚线为趋势线）
资料来源：根据 Matlab 7.6 数据软件估计得到。

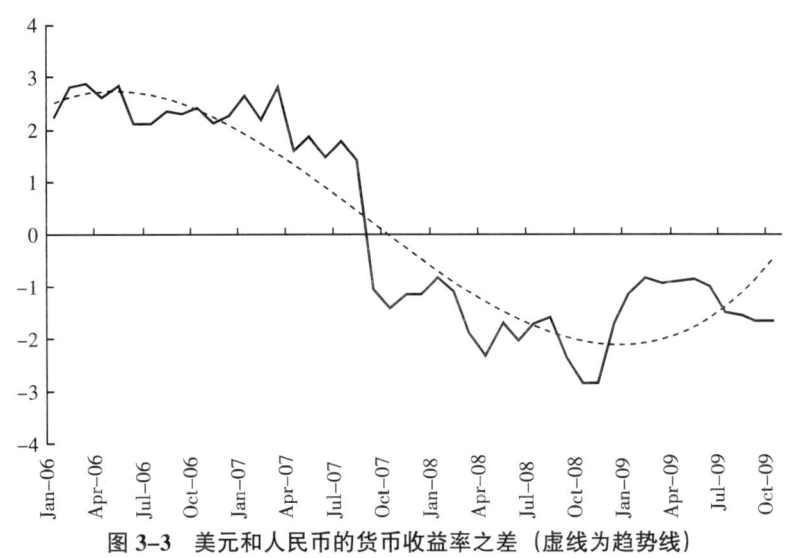

图 3-4 给出了技术分析者和基本面分析者所预期的汇率变动值。图中显示，基本面分析者持有明显的回归预期：在人民币币值"低估"的时间段，即 2008 年 7 月之前，基本面分析者预期人民币升值，美元贬值，随着现实汇率向基本面汇率水平的靠近，基本面分析者的预期升值幅度越来越小，而在人民币币值"高估"的时间段，即 2008 年 7 月之后，基本面分析者预期人民币贬值，美元升值，且随着现实汇率向基本面汇率水平的偏离，基本面分析者的预期贬值幅度越来越大。进而，比较图 3-4 中技术分析者预期的汇率变动趋势和图 3-5 中人民币现实汇率的变动趋势，显而易见，技术分析者对未来汇率的预期走势滞后一期地延续了现实汇率的历史变动趋势，所采用的预期方式为推断预期。

那么，汇改后人民币外汇市场中技术分析者和基本面分析者所占的力量对比及其变化情况如何呢？图 3-6 和图 3-7 分别给出了两类交易者的各自比重。图中显示，在 2006 年 10 月之前，人民币外汇市场中技术分析者占主导地位，换言之，在人民币汇率升值的最初阶段，市场交易者主要采用推断预期，认为人民币汇率将会延续以往的升值趋势，此时人民币外汇市场的交易表现为噪声交易，而在 2006 年 10 月至 2009 年 3 月，基本面分析者占据了主导地位，在此阶段，人民币汇率的升值并非噪声交易的

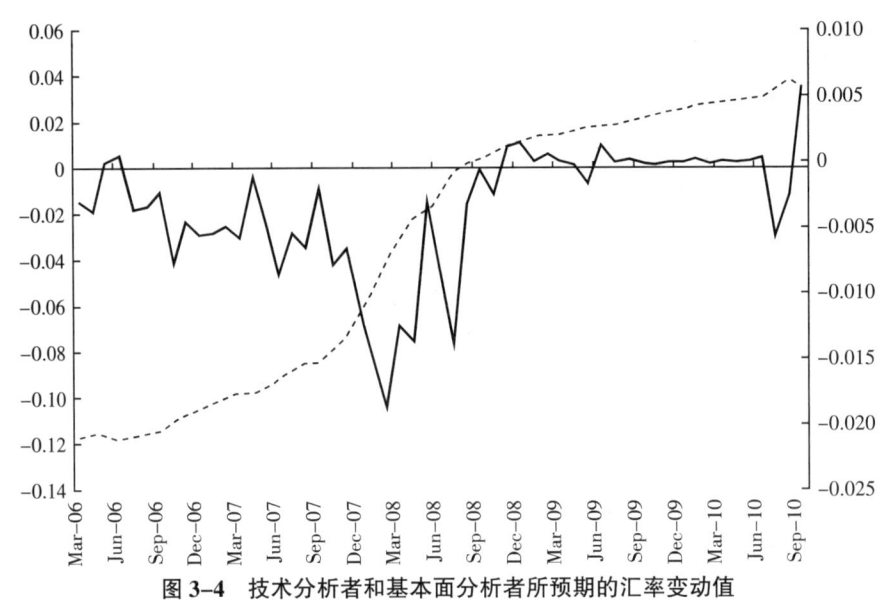

图 3-4　技术分析者和基本面分析者所预期的汇率变动值

注：左边坐标轴，虚线为基本面分析者；右边左边轴，实线为技术分析者。
资料来源：根据 Matlab 7.6 数据软件估计得到。

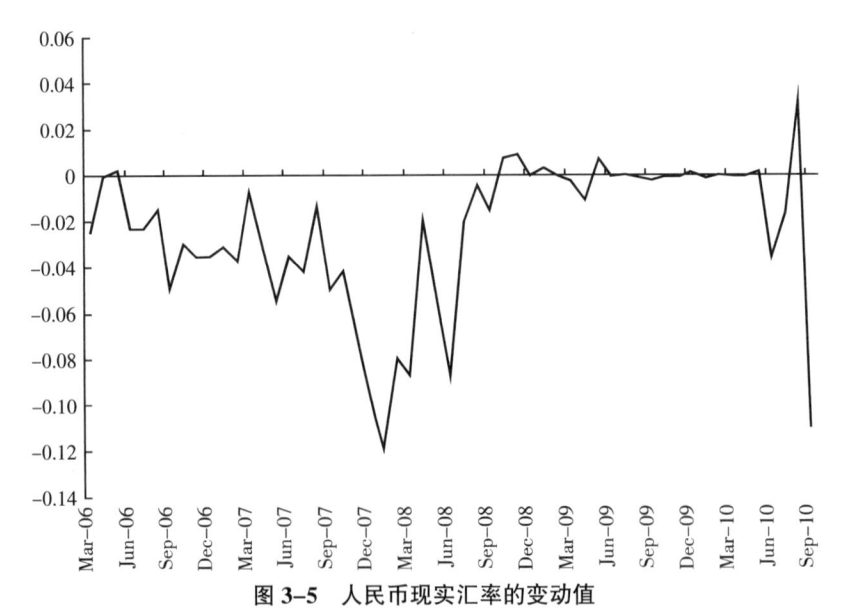

图 3-5　人民币现实汇率的变动值

资料来源：根据 Matlab 7.6 数据软件估计得到。

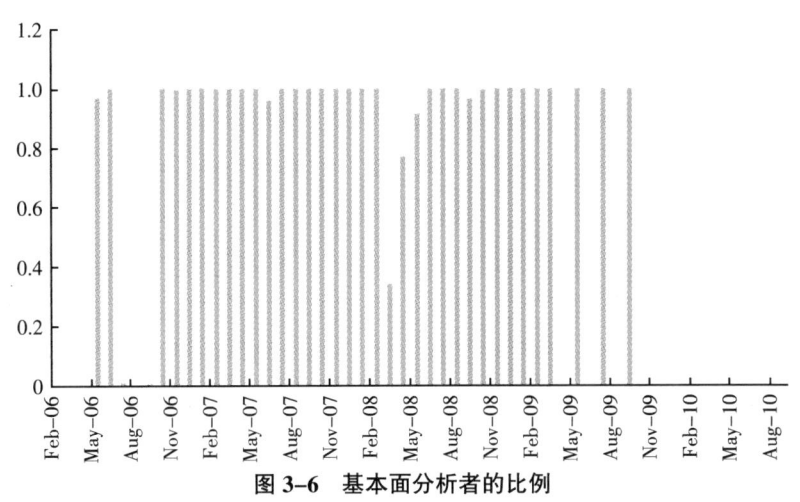

图 3-6 基本面分析者的比例

资料来源：根据 Matlab 7.6 数据软件估计得到。

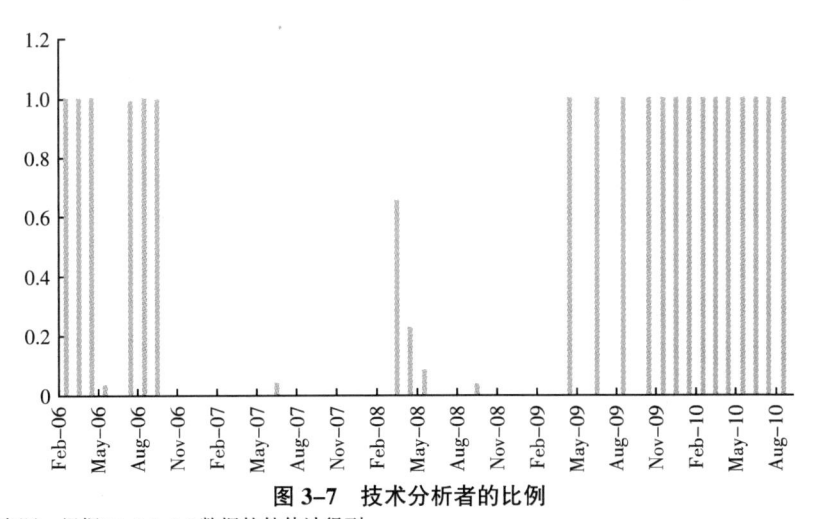

图 3-7 技术分析者的比例

资料来源：根据 Matlab 7.6 数据软件估计得到。

结果，而归因于对人民币汇率走势持有回归性预期的基本面分析者的交易，这也表明在汇改以后主要的时期内，采取回归预期规则是对人民币汇率预期的最优策略，其盈利性要强于推断预期。2009 年 4~9 月，外汇市场上两类交易者均未明显占据主导地位，外汇市场预期"轮流"地体现为回归式预期和推断式预期，这反映出了在汇率政策不明朗的情况下，市场交易者对人民币汇率的可能走势"捉摸不定"，由此使得他们在对汇率预期策略的选择上陷入"迷茫"的状态。然而，从2009年10月开始，随着全球经济的逐步复苏，汇率政策越来越趋于明朗化，在此情况下，持有推断预期的技术分析者占据了人民币外汇市场的主导地位。

第五节 小 结

在人民币汇率形成机制越来越趋于市场化的背景下，关于人民币汇率决定和变动的相关研究已不能再局限于原来的传统宏观汇率模型或者停留在简单的计量拟合和预测上，而应重视微观个体的汇率预期及其交易行为对人民币汇率变动的影响。为此，本章从行为金融理论的视角出发，结合中国外汇市场的现实，构建了包含宏观经济基本面、央行干预和交易者异质性预期行为等决定因素的新的人民币汇率决定模型，对汇改后中国外汇市场交易者的市场行为及人民币汇率变动特征进行了实证分析。

研究结果表明：

第一，汇改后人民币外汇市场存在着显著的异质性预期者：持有回归预期的基本面分析者和持有推断预期的技术分析者，其中在基本面分析者的回归预期中回归系数为-9.83，而在技术分析者的回归预期中延续系数为12.02。相较而言，技术分析者的风险厌恶程度明显高于基本面分析者的风险厌恶程度。

第二，关于两类交易者的力量对比和变化情况。在汇改后的初期阶段，技术分析者在人民币外汇市场中占据主导地位，外汇市场交易主要为噪声交易，而在随后的主要时间段里，持有回归预期的基本面分析者取代了技术分析者的主导地位，回归预期的盈利性明显强于推断预期。在2009年4月以后，两类异质性交易者不断转化着，外汇交易者对预期策略陷入"迷茫"的状态。但是当汇率政策越来越趋于明朗化时，技术分析者从2009年10月开始在人民币外汇市场中占据主导地位。

第三，关于人民币汇率的决定因素，存在着三类因素：政策因素、宏观经济基本面因素和微观个体因素。政策因素体现为央行干预，结果表明，我国央行对于降低人民币升值压力的干预效果是有效的，减缓了人民币升值速度，而来自经常账户顺差的经济基本面因素则带来了较高的升值压力,最后从微观个体的特征来看,在汇改后的一段时期内,基本面分析者认为低于基本汇率水平的人民币币值将会回归基本面的预期行为在一定程度上推动了人民币的升值,而在 2010 年 6 月央行重启人民币汇率制度改革之后,持有推断预期的技术分析者的噪声交易则给人民币带来了升值压力。

据此,可以认为,交易者异质性是人民币汇率形成机制逐步市场化后的典型特征,由此关注和把握人民币外汇市场中异质性交易者的特征及其变化尤为重要,包括异质性交易者的不同预期行为以及各自的预期依据,比如汇率的以往走势、宏观经济基本面、其他外部冲击等,以此才能合理地解释和预测人民币汇率的变动趋势。

第四章 央行干预与人民币汇率决定：基于行为金融的视角

第一节 文献综述：央行干预与汇率决定

一、央行干预的定义

根据 Dominguez 和 Frankel（1993）的定义，广义的央行干预是"政府及其代理机构所进行的任何旨在影响汇率或国家外汇储备的交易或公告"，狭义的央行干预则是央行为了影响汇率而在外汇市场上所进行的外汇资产买卖行为。根据干预是否引起国内货币供应量的变化，央行干预可分为冲销式干预（Sterilized Intervention）和非冲销式干预（Non-sterilized Intervention）。冲销式干预是指中央银行在外汇市场上进行本外币买卖的同时，在本币市场上进行货币政策操作来抵消前者对本国货币供应量的影响。与之相对应，非冲销式干预是指中央银行没有在本币市场中进行冲销式操作，由此引起本国货币供应量的变化。

二、央行干预对汇率决定的影响渠道

学者们的研究认为，央行干预对汇率的影响渠道主要包括资产组合渠道、信号渠道（或预期渠道）和微观市场结构渠道。

1. 资产组合渠道

根据汇率决定的资产组合理论，冲销式干预对汇率是否有影响，与本

币资产和外币资产是否完全可替代以及外汇市场预期是否理性有关。因此检验央行干预是否能够通过资产组合平衡渠道对汇率决定产生影响的重点，关键在于检验资产完全替代和理性预期的联合假设是否成立。更具体而言，即检验本外币资产的相对供给对风险溢价是否具有显著的影响。根据资产组合模型的复杂程度，此方面的相关检验可分为：基于基本资产组合模型的实证检验、基于附加均值—方差最优化约束条件的资产组合模型的实证检验、基于含有宏观经济模型的资产组合模型的实证检验。

Rogoff（1984）基于基本的资产组合模型实证研究了从1973~1980年的美元兑加拿大元的汇率及相应的本外币资产存量，发现本外币资产的相对供给与风险溢价之间不存在明显的正相关关系，而Loopesko（1984）的研究将中央银行的累计外汇干预量代替国内资产存量的变动量，实证研究了美国和其他7国集团国家的货币汇率，研究结果却显示，冲销式干预能够通过资产组合渠道影响汇率的决定。不过通过进一步地研究，Danker等（1987）基于基本的资产组合模型，将美元作为外币，将马克债券、日元债券和加拿大元债券作为本币资产，运用两阶段最小二乘法对美元对马克、美元对日元、美元对加拿大元的汇率进行了实证检验，研究发现资产完全替代和理性预期的联合假设在美元对马克和美元对加拿大元的情况下无法通过检验，否定了资产组合渠道的存在。Ghosh（1992）分别采用汇率决定的货币模型和资产组合模型对从1980~1988年的美元对马克的汇率进行研究，试图利用资产组合模型来解释现实汇率对货币模型的偏离，研究结果显示，冲销式干预的资产组合渠道存在，不过对汇率决定的影响较为微弱。

Frankel（1982）将均值方差最优化约束引入基本的资产组合模型，得到一个基于投资者效用最大化的多国货币资产需求方程，以此检验美国、德国、英国、日本、法国和加拿大等国的本外币资产的相对供给与风险溢价之间的关系，最终发现资产组合变量与汇率风险溢价之间没有显著的相关关系，因此冲销式干预的资产组合渠道并不存在。Frankel和Engel（1984）改进了Frankel（1982）的研究，放宽通胀率预先确定的假设，但是得到了同样的研究结论。同样，Engel和Rodriguez（1989）将显示财富的方差与相关宏观经济数据相联系，且将方差的形成设定为ARCH过程，并对模型进行了改进，但是研究结论也没有发生变化。Dominguez和Frankel（1993）则改变以往理性预期的假定，采用汇率预期的调查数据进行实证检验,并设计了一个两方程模型区分冲销式干预的资产组合效应和预期效应,最终认为,冲销式干预对汇率的决定存在着资产组合渠道。

Obstfeld(1983)在完全预期的假定之下,构建了一个包含货币供给、货币需求、本国居民对本国债券的需求和外国居民对本国债券的需求的宏观经济模型,以此实证检验1975~1981年德国外汇干预的资产组合渠道效应。他研究发现,风险溢价的参数估计值只有对于外国居民对本国债券的需求方差是显著的,因此可以认为,冲销式干预对汇率决定的资产组合渠道效应有限。Blundell和Masson(1985)利用1973~1982年德国的数据估计了一个基于黏性价格假定的资产组合模型,研究结论也支持冲销式干预的资产组合渠道效应有限的结论。Kearney和MacDonald(1986)建立了与Obstfeld(1983)类似的宏观经济模型,研究英格兰银行的外汇干预,实证结果表明,在英国居民和外国居民对英国债券的需求函数中,参数估计值在统计上不显著,进一步模拟的结果也表明,非冲销式干预会引起英镑短期内的大幅升值,但是冲销干预的效果要小得多。Natividan和Stone(1990)研究了在国内净资产增加、国外净资产增加和国外理论变化的三种外部冲击下冲销干预的有效性,结果发现无论是在短期,还是在长期,冲销式干预都是无效的。

2. 信号渠道或预期渠道

对于信号渠道或预期渠道的实证检验,学者们主要通过两种方式进行:一是以Mussa(1981)关于外汇干预途径的理论为基础,检验央行干预能否作为未来货币政策变动的信号;二是在资产组合模型的框架下,考察央行干预对汇率预期的影响。

对于前者,Klein和Rosengren(1991)研究了央行干预的货币政策信息含量,具体而言,他们考察了从1985年广场协议至1987年股市崩溃,美联储的每日外汇干预数据和再贴现率变动之间的关系,研究发现央行干预不能作为未来货币政策变动的信号。Dominguez(1990)对美联储和德意志联邦银行从1997年2月至1981年2月的外汇干预进行了实证研究。在研究中,她首先将央行干预对每周的货币供给扰动进行回归,结果表明央行能够传递未来货币供给变动的信息,接着,她将风险溢价对央行干预进行回归,发现央行干预也能够影响汇率预期,因此证实了信号渠道的存在。Lewis(1992)研究了1985~1990年的美联储外汇干预与美国货币政策之间的关系,发现两者存在着密切的关系,但是如果将数据滞后一个时

· 59 ·

期，却发现央行干预不能预示除了未来联邦基金之外的其他货币政策变量的变动。

对于后者，Humpage（1984）基于理性预期的假定，将滞后即期汇率作为汇率预期的代表，并将利率之差作为货币政策变动的代表，然后将即期汇率对滞后两天的即期汇率、央行干预和滞后两天的利率之差进行回归，研究结果表明，在美元兑马克的汇率的估计方程中，央行干预变量的参数值显著不为零，这意味着央行干预对汇率决定的影响存在预期渠道效应。Dominguez 和 Frankel（1993）的研究在 Humpage（1989）的研究基础上做了进一步的改进：首先，他们将通过问卷调查获得的汇率预期数据作为估计方程中汇率的预期值，提高了数据的准确性；其次，设计了两个不同的方程模型，对资产组合效应和预期效应进行了区分；最后，他们对从1982~1984年的美联储和德意志联邦银行的外汇干预的实证研究发现，央行干预的资产组合效应和预期效应都存在。

3. 微观市场结构渠道

根据 Evans 和 Lyons（2002）的外汇市场微观结构理论，订单流等市场微观结构变量是影响汇率决定的最主要因素之一。Andrew 和 Wang（2003）实证研究了不同外汇市场参与者的订单流对汇率的影响，研究发现来自中央银行的订单流对汇率的影响是最大的。Scalia（2008）基于外汇市场交易的高频数据实证研究了2001~2002年捷克克朗对欧元的外汇市场，发现央行干预的订单流对汇率具有显著的影响。

第二节　交易者异质性行为、央行干预效力与人民币汇率的决定：一个实证框架

近年来，随着基于行为金融视角的汇率决定模型的出现，De Grauwe 和 Grimaldi（2006）、李晓峰和魏英辉（2009）等开始在交易者异质性行为的框架下研究央行不同干预方式的有效性。但是，他们的研究并未涉及央行干预是如何影响异质性交易者从而影响汇率走势的重要议题。对此，本章基于行为金融的视角，提出除了信号渠道或预期渠道、资产组合渠道和微观市场结构渠道之外，还存在第四个央行干预渠道，即交易者异质性渠道。

同前文一样，本章依然假定，在人民币外汇市场中存在着两种类型的交易者：技术分析者（Chartist）和基本面分析者（Fundamentalist），并进一步假定央行干预对汇率的影响途径之一是通过影响各类交易者的预期，从而影响汇率的最终形成。用公式表示为：

$$\Delta e_t^c = A(L)\Delta e_{t-1} + B(L)INT_t + \varepsilon_t^c, \quad \varepsilon_t^c \sim N(0, \sigma_c^2) \quad (4-1)$$

$$\Delta e_t^f = C(L)(e_{t-1} - e_{t-1}^*) + D(L)INT_t + \varepsilon_t^f, \quad \varepsilon_t^f \sim N(0, \sigma_f^2) \quad (4-2)$$

其中，式（4-1）代表技术分析者对人民币汇率的变化采用推断预期的方式，即根据以往汇率的走势来判断当期汇率的变化，Δe_t^c 代表技术分析者对当期汇率变化的预期值，Δe_{t-1} 代表 t - 1 期汇率的实际变化值。与众多理论模型一样，我们假定技术分析者认为当期汇率的变化会持续以往的趋势，代表了外汇市场中的投机性势力，因此趋势持续系数 A(L) 在理论上应该大于零；式（4-2）代表基本面分析者的汇率预测规则，其根据以往汇率对基本面的偏离（$e_{t-1} - e_{t-1}^*$）来判断当期汇率的变化值 Δe_t^f。同样，参照以往理论模型的设定，我们假定基本面分析者持有回归预期，即预测以往偏离基本面水平的汇率将会在较长的期间内回归基本面水平，因此基本面回归系数 C（L）在理论上应该小于零。INT_t 代表当期的央行干预。ε_t^c 和 ε_t^f 分别代表在技术分析者和基本面分析者的预期中所存在的外部随机噪声，分别服从均值为零，方差为 σ_c^2 和 σ_f^2 的独立正态分布。

在现实中，随着交易利润的变化，技术分析者和基本面分析者可能不断改变其预期方式而产生相互转换。于是，出于对实证的简洁与可行性的考虑，设定技术分析者和基本面分析者的转换概率服从马尔科夫过程（Markov Chain）（Hamilton，1989）：

$$P\{S_t = j | S_{t-1} = i, S_{t-2} = k, \cdots\} = P\{S_t = j | S_{t-1} = i\} = P_{ij} \quad \forall i, j = \{c, f\} \quad (4-3)$$

其中，c、f 分别代表技术分析者和基本面分析者。进而，诚如 De Grauwe 和 Grimaldi（2006）、李晓峰和魏英辉（2009）以及第三章的观点，交易者主要根据以往预测策略的利润来决定当期预期策略的选择，在考虑央行干预策略的情形下，央行干预的因素可能会影响交易者在一定预测策略下的交易利润，从而影响交易者当期的预测特征。由此，假定技术分析者和基本面分析者之间的转换概率取决于央行干预因素的变化。用公式表示为：

$$P_{f,c} = 1 - P_{f,f} = 1 - \Phi(\theta_1 INT_t), \quad P_{c,f} = 1 - P_{c,c} = 1 - \Phi(\theta_2 INT_t) \quad (4-4)$$

那么，在可观察的信息集 $I_T = \{e_1, \cdots, e_T; e_1^*, \cdots, e_T^*\}$ 下，结合式（4-1）至式（4-4）的设定，我们可以得到关于当期汇率的现实变化值的决定公式：

$$\text{Prob}(\Delta e_t | I_{t-1})$$

$$= \underbrace{\sum_{j=1}^{2} \text{Prob}(\Delta e_t | S_t = c, S_{t-1} = j, I_{t-1}) \text{Prob}(S_{t-1} = j | I_{t-1}) p_{ji}}_{t\text{时期技术分析者的作用}} +$$

$$\underbrace{\sum_{j=1}^{2} \text{Prob}(\Delta e_t | S_t = f, S_{t-1} = j, I_{t-1}) \text{Prob}(S_{t-1} = j | I_{t-1}) p_{ji}}_{t\text{时期基本面分析者的作用}} \quad (4-5)$$

显而易见，式（4-5）表明，t 时期汇率的现实变动是由 t 时期的技术分析者和基本面分析者综合作用的结果。关于样本分布的似然函数为：

$$\text{Prob}(\Delta e_1, \cdots, \Delta e_T | I_T) = \prod_{t=1}^{T} \text{Prob}(\Delta e_t | I_{t-1})$$

$$= f[A(L), B(L), C(L), D(L), \sigma_f^2, \sigma_c^2, p_{ff}, p_{cc}, p_{f,0}, p_{c,0}, \theta_1, \theta_2] \quad (4-6)$$

利用 EM 算法对上述似然函数值进行估计，从而得到各参数值。进而，可以计算出：

$$\text{Prob}(S_t = j | I_t)$$

$$= \frac{\sum_{k=1}^{2} \text{Prob}(\Delta e_t | S_t = j, S_{t-1} = k, I_{t-1}) \text{Prob}(S_{t-1} = k | I_{t-1}) p_{kj}}{\text{Prob}(\Delta e_t | I_{t-1})} \quad \forall j = \{c, f\} \quad (4-7)$$

我们称之为"平滑概率"，它衡量了 t 时期外汇市场中技术分析者或基本面分析者所占比例的大小，度量了以技术分析者所代表的投机性势力和以基本面分析者所代表的基本面回归势力在最终汇率形成中所起作用的大小。同样，基于模型的估计结果，我们可以通过分析央行干预对各参与者的预测方程（4-1）和方程（4-2）以及两类参与者的转换概率方程（4-4），来研究央行干预对汇率波动的影响效力。

由于本章的实证模型为马尔科夫区制转换模型，因此采用 Hamilton（1996）所提出的 Newey-Tauchen-White 模型误设（Misspecification）检验（以下简称 NTW 模型误设检验），检验所选取的实证模型是否合适。具体而言，NTW 模型误设检验包括四部分：

第一，一阶自相关系数误设检验：

$$H_0: E[h_t(\alpha_0)h_{t-1}(\beta_0)'] = 0 \text{ 和 } H_0: E[h_t(\beta_0)h_{t-1}(\alpha_0)'] = 0 \tag{4-8}$$

第二，ARCH 效应误设检验：

$$H_0: E[h_t(\sigma_f)h_{t-1}(\sigma_c)'] = 0 \text{ 和 } H_0: E[h_t(\sigma_c)h_{t-1}(\sigma_f)'] = 0 \tag{4-9}$$

第三，Higher Order Markov 效应误设检验：

$$H_0: E[h_t(p_{ff})h_{t-1}(p_{ff})'] = 0 \text{ 和 } H_0: E[h_t(p_{cc})h_{t-1}(p_{cc})'] = 0 \tag{4-10}$$

第四，以上三点的联合误设检验。

假若实证结果无法显著拒绝原假设，那么我们就认为实证模型对相应的参数选择是正确的。

第三节 实证结果与分析

根据式（4-1）、式（4-2）、式（4-4）得出，央行干预因素是可能影响外汇市场上不同类型交易者预期和转换概率的重要因素。为了考察央行干预的效应，我们根据 Fiess 和 Shankar（2009）对外汇市场的压力测算模型，引申出下述央行干预指数的测算公式：

$$\omega_t = \frac{(\sigma_{\Delta e_t}/\sigma_{\Delta R_t})(\Delta R_t)}{(\sigma_{\Delta e_t}/\sigma_{\Delta R_t})(\Delta R_t) + \Delta e_t} \tag{4-11}$$

其中，ΔR_t 为外汇储备变动额，$\sigma_{\Delta e_t}$ 和 $\sigma_{\Delta R_t}$ 分别为汇率变动值 Δe_t 和外汇储备变动额 ΔR_t 的标准差。从式（4-11）可以看出，当 Δe_t 等于 0 时，ω_t 等于 1，此时央行干预最强，维持固定汇率制度，而当 ω_t 大于或小于 1 时，则央行干预较弱。为了更有效地反映央行干预强度的变化，我们作进一步修正，得到央行干预强度的度量指标 INT_t：

$$INT_t = \left| \frac{(\sigma_{\Delta e_t}/\sigma_{\Delta r_t})(\Delta r_{it})}{(\sigma_{\Delta e_t}/\sigma_{\Delta r_t})(\Delta r_{it}) + \Delta e_{it}} - 1 \right| \tag{4-12}$$

当 $INT_t = 0$ 时，央行干预强度最大，随着 INT_t 越大，则央行干预强度越小。图 4-1 给出了自汇改以来我国央行干预强度的变化情况。图中显示，央行干预强度最大的时间段是 2005 年 8 月至 2006 年 2 月和 2008 年 6 月至 2010 年 9 月，在这些时间段，INT_t 几乎等于零，意味着央行干预强度最大，而在 2006 年 3 月至 2008 年 5 月，央行干预强度较小，其中尤以 2006 年 6 月、12 月，2007 年 5 月、9 月，2008 年 2 月、5 月等时点，央行干预强度最小。

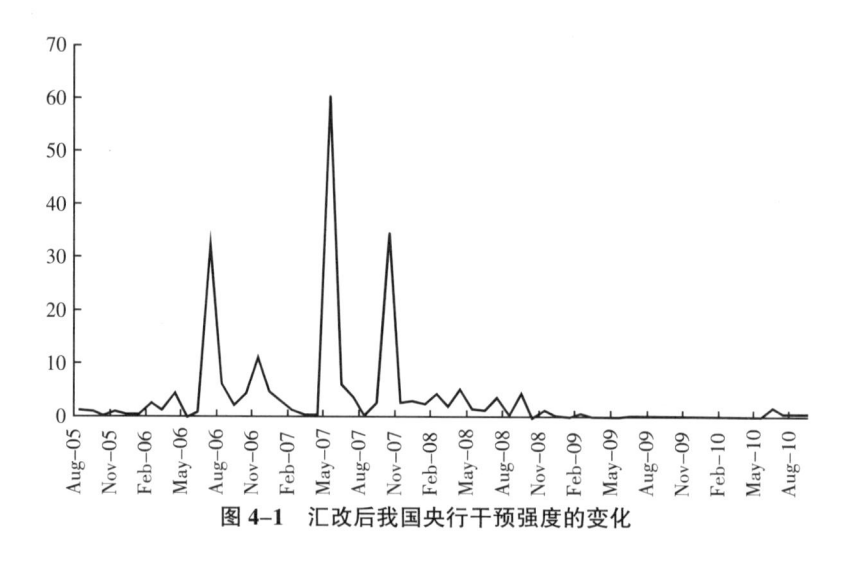

图 4-1 汇改后我国央行干预强度的变化

在测算出央行干预变量之后，结合第三章中所测算出来的基本面汇率水平（见图 3-1），我们可以在信息集 $I_T = \{e_1, \cdots, e_T; e_1^*, \cdots, e_T^*\}$ 下，估计式（4-1）至式（4-4）所显示的基于预期异质性假定且考虑央行干预的人民币汇率决定模型，从而研究交易者异质性行为及央行干预的影响效力。

最终利用 EM 算法对式（4-1）至式（4-4）的模型进行估计，估计软件为 GAUSS8.0。所得到的模型估计结果为：

$$\Delta e_t^c = \underset{(0.14)}{0.61}^{***} \Delta e_{t-1}^c - \underset{(0.0005)}{0.0006} INT_t + \varepsilon_t^c, \quad \varepsilon_t^c \sim N\left(0, \underset{(0.003)}{(0.023)}^{***2}\right) \quad (4-13)$$

$$\Delta e_t^f = \underset{(0.10)}{-0.31}^{***}(e_{t-3} - e_{t-3}^*) - \underset{(0.008)}{0.0064}^{***} INT_t + \varepsilon_t^f, \quad \varepsilon_t^f \sim N\left(0, \underset{(0.0003)}{(0.002)^2}^{***}\right) \quad (4-14)^{①}$$

$$P_{c,c} = \Phi\left(\underset{(0.41)}{1.93}^* \times INT_t\right), \quad P_{f,f} = \Phi\left(\underset{(0.09)}{-0.06} \times INT_t\right) \quad (4-15)$$

式（4-13）和式（4-14）分别为技术分析者和基本面分析者的预测方程，式（4-15）中的概率分别为技术分析者和基本面分析者保持各自原有特征的概率。式中的各系数估计值上方的 ***、* 分别代表在1%和10%的水平上显著，下方括号里面的数值为相应系数估计值的标准差。式（4-13）和式（4-14）的预测方程中变量的滞后阶数，根据表4-1中的一阶自相关系数误设检验和 ARCH 效应误设检验结果进行选择，而式（4-15）转换概率方程的设定则依据表4-1中的 Higher Order Markov 效应误设检验。最后还对模型的整体合理性进行了误设检验。表4-1的检验结果表明，所估计的式（4-13）至式（4-15）的模型是合理的。

表4-1 NTW 模型误设检验结果

检验类型	一阶自相关系数误设检验		ARCH 效应误设检验		Higher Order Markov 效应误设检验		模型的联合误设检验
	技术分析者方程	基本面分析者方程	技术分析者方程	基本面分析者方程	$P_{f,f}$	$P_{c,c}$	
检验统计值	0.13	0.21	0.96	0.04	1.85	0.58	6.90
相应P值	0.72	0.64	0.33	0.85	0.07	0.45	0.33

注：联合误设检验的统计量渐近服从自由度为1的卡方分布，其他检验的统计量渐近服从自由度为6的卡方分布。参照 Hamilton（1996）的做法，如果统计量的P值高于5%，则认为统计量无法显著拒绝相关检验的原假设，从而认为模型在相关系数的设定上不存在"误设"。

一、交易者的异质性特征

实证结果显示，人民币外汇市场中交易者存在着显著的异质性，一种交易者表现为技术分析者，另一种交易者表现为基本面分析者。技术分析者采用短期预期策略，根据上一期汇率的变动值来预测当期汇率的变动

---

① 由于人民币汇率波动区间并不是很大，因此本书先将$(e_{t-3} - e_{t-3}^*)$除以100，然后再进行模型的估计。这样处理仅为实证的方便，但是并不改变本书的实证结论。

值，预测的趋势延续系数值为 0.61，这意味着技术分析者预期当期汇率将会延续上一期的变动趋势。基本面分析者根据人民币汇率对基本面汇率水平的偏离进行长期预测，预期间距为 3 个月，具体而言，如果 3 个月前的人民币汇率偏离了基本面汇率水平，那么基本面分析者则预期当月的人民币汇率将会向回归基本面的方向变动，预测的基本面回归系数为 −0.31。与第三章的实证结果相比，虽然上述参数估计结果的数值与之存在着差异（这是由于两部分的实证框架不一致），但是数值符号是一致的，也就是说，前后两部分的实证结果均证实了人民币外汇市场存在着两类异质性交易者：即持着推断预期的技术分析者和持着回归预期的基本面分析者。

那么这两类异质性投资者的存在对汇率的走势存在怎样的影响呢？笔者基于上述估计参数进行了简洁的数值模拟。

假定 $\Delta e_t^c = \alpha \Delta e_{t-1}$，$\Delta e_t^f = \beta(e_{t-3} - e_{t-3}^*)$，$\Delta e_t = q_t^* \Delta e_t^c + (1 - q_t)^* \Delta e_t^f$，$\alpha = 0.61$，$\beta = -0.31$，为了分析的简便并且不失一般性，假定 $e_t^* = 0$，$e_{-3} = 0$，$e_{-2} = 0.01$，$e_{-1} = 0.0161$，从而形成初始期汇率对基本面的偏离。比较附录 2 中图 a 和图 b 可以看出，当外汇市场中所有参与者都是技术分析者时，汇率将逐步扩大与基本面的偏离程度，而且永远难以回归到基本面水平，可见作为投机性势力的技术分析者会导致汇率的偏离，而当基本面分析者完全占主导地位时，在基本面分析者的基本面回归作用下，汇率将会逐渐回归到基本面水平，即基本面分析者的存在有助于汇率回归到经济基本面。

在人民币外汇市场中，辨清是技术分析者占据主导地位还是基本面分析者占据主导地位，具有重要的意义。进一步的数值模拟结果显示，在不同参与者占主导的情形下，参与者行为的变化将会对汇率产生不同的影响。当外汇市场中基本面分析者占据主导地位时，如果基本面分析者预期汇率的基本面回归系数 β 绝对值越大，那么将会使得现实的汇率越快地回归到基本面汇率的水平，但是与此同时，将会导致汇率的变动幅度变得越大（比较附录 2 中的图 c 和图 d、图 e 和图 f），不过，技术分析者的预期趋势延续系数 α 的变化对汇率的影响却不明显，也就是说，当基本面分析者占主导地位时，无论技术分析者的升值或贬值预期如何强烈，都不会影响汇率的走势和波幅（比较附录 2 中的图 c 和图 e、图 d 和图 f）。而当外汇市场处于技术分析者的主导地位时，基本面分析者的预期汇率的基本面回归系数 β 绝对值越大，那么汇率回归到基本面水平越快，但是对汇率的波动幅度影响却不大（比较附录 2 中的图 g 和图 h、图 i 和图 j），同样，技术分析者的预期趋势延续系数 α 越大，汇率也将会越快回归到基本面水平,[①] 不过汇率的波动幅度会变得越大（比较附录 2 中图 g 和图 i、图 h 和图 j）。

根据式（4-7）的"平滑概率"思想，可计算出技术分析者和基本面分析者的比例分布。图 4-2 给出了从 2005 年至 2010 年 9 月在人民币外汇市场中技术分析者占各类交易者的比例的变化情况。比较图 3-7 和图 4-2，我们可以发现，本部分基于马尔科夫机制模型对异质性交易者比例的测算结果和第三章基于行为金融框架的测算结果大体上一致：在人民币汇率制度改革之后的起先一段时间内，技术分析者在人民币外汇市场占据了主导地位，也就是说，在人民币汇率升值的最初阶段，市场交易者主要采用推断预期，随后，在很长的一段时期内，持有回归预期的基本面分析者取代了技术分析者，成为外汇市场中交易者的主要特征。接着，在金融危机时期，由于我国采取了特殊的汇率稳定政策，市场交易者对人民币汇率的可能走势"捉摸不定"，使得他们在对汇率预期策略的选择上陷入"迷茫"的状态，因此在此阶段，外汇市场上两类交易者都未明显占据主导地位，外汇市场预期"轮流"地体现为回归预期和推断预期。最后，大概从

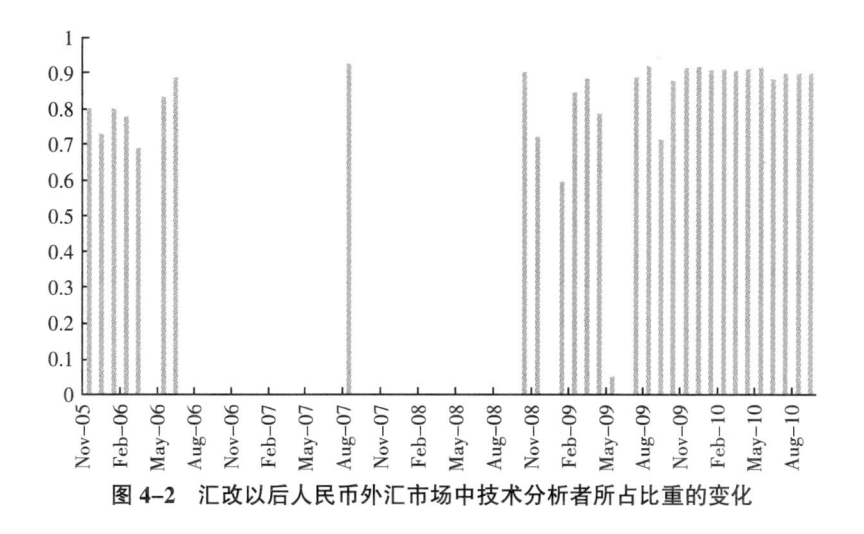

图 4-2 汇改以后人民币外汇市场中技术分析者所占比重的变化

[①] 但是前提条件是必须存在具有基本面回归作用的基本面分析者，也就是说，回归力量依然是基本面分析者，比较附录 2 中的图 a、图 g、图 i。

2009年10月开始，随着全球经济的逐步复苏，汇率政策越来越趋于明朗化，在此情况下，持有推断预期的技术分析者占据了人民币外汇市场的主导地位。

二、央行干预效力

首先，分析央行干预对技术分析者的预期及转换概率的影响，式（4-13）至式（4-15）的估计结果显示，央行干预变量 INT_t 对技术分析者的预测 Δe_t^c 不具有显著作用，而对技术分析者保持原来特征的概率 $P_{c,c}$ 具有显著的正向影响。这意味着人民币外汇市场中的技术分析者投机性比较强，央行干预因素难以改变他们的汇率预期。不过，央行干预对他们的交易利润具有影响，从而影响他们保持原来特征的概率，而且央行干预强度与技术分析者保持原来特征的概率呈负向关系，也就是说，央行干预强度的减弱将有助于外汇市场的技术分析者比例的提高。

其次，分析央行干预对基本面分析者的预期及转换概率的影响。结果显示，在基本面分析者的预测方程中，央行干预变量 INT_t 对 Δe_t^f 具有显著的影响，影响系数为-0.0064，这意味着央行干预未达到最强时（$INT_t \neq 0$，即 $INT_t > 0$），基本面分析者对汇率向基本面回归的程度的预期 Δe_t^f 将会小于央行干预最强时（$INT_t = 0$）的预期值，而且央行干预强度越小（INT_t 越大），所预期的向基本面回归的程度 Δe_t^f 越小，也就是说，央行干预强度的减弱降低了基本面分析者对汇率向基本面回归的预期程度。笔者认为，如前文所述，央行干预强度的减弱有助于外汇市场的技术分析者比例的提高，而技术分析者在外汇市场中总是扮演着"投机者"的角色，往往推动现实汇率向基本面水平偏离，因此当央行干预强度减弱时，基本面分析者对汇率向基本面水平回归的预期程度有所降低。此外，央行干预变量 INT_t 对基本面分析者保持原来特征的概率 $P_{f,f}$ 不具有显著的影响，那么比较图 4-1 和图 4-2，我们可以进一步发现，央行干预强度减弱的时期是 2006 年 3 月至 2008 年 5 月，而外汇市场处于基本面分析者主导的时期是 2006 年 8 月至 2008 年 9 月，显然，央行干预强度的减弱并没有同时伴随着外汇市场中技术分析者向基本面分析者的转换，而当技术分析者向基本面分析者转化时，央行干预强度也未发生减弱。因此，综合来看，我们可以推断，基本面分析者的回归预期策略在外汇市场中占据优势，并非因为央行干预强度的变化，而是在很大程度上与回归预期策略的盈利性有关。

三、汇改后人民币汇率变动幅度的市场机理解释

自汇改以来，人民币汇率的变动幅度体现出以下特征：2006年2月至2008年9月，民币汇率的变动幅度较大，而在其他期间，人民币汇率的变动幅度处于较小的水平（见图4-3）。在目前人民币汇率形成机制逐渐市场化，但又同时受到政策干预限制的情况下，人民币汇率变动幅度的提高可能与两方面因素有关：一是市场因素；二是政策因素。从政策因素来看，图4-1显示，在人民币汇率的变动幅度提高的期间，央行干预的强度发生了减弱。从微观交易者的市场行为来看，在这一段期间，人民币外汇市场由基本面分析者占据了主导地位。实证结果显示，央行干预强度的减弱仅降低了基本面分析者对汇率向基本面回归的预期程度，但是对基本面分析者的转换概率不具有显著的影响，或者说，基本面分析者占据主导地位，是与回归预期策略的盈利性有关，而与政策变动无关。因此，我们可

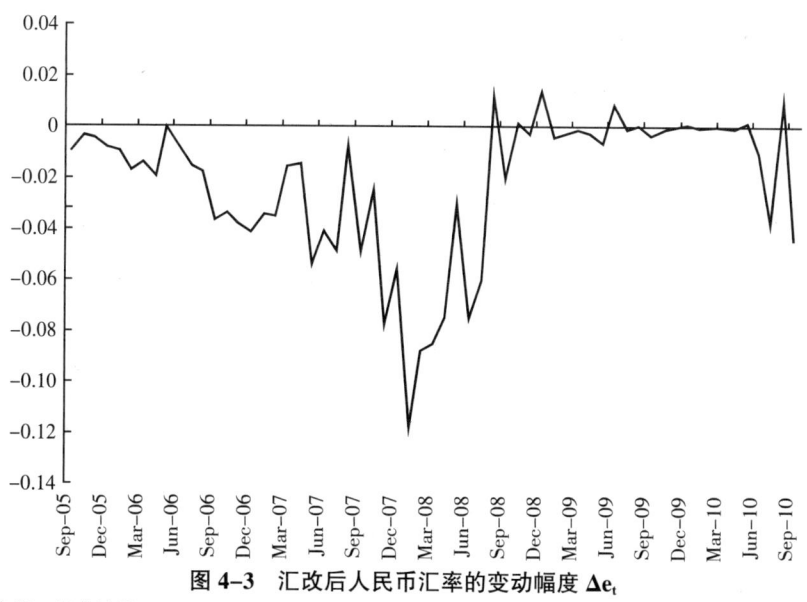

图 4-3 汇改后人民币汇率的变动幅度 Δe_t

资料来源：笔者计算。

以认为，汇改后人民币汇率变动幅度的扩大，主要是一个市场行为的结果，而非政策变动的结果，这意味着随着人民币汇率制度改革的进行，市场因素在人民币汇率形成中的重要性开始凸显，人民币汇率形成机制的市场化特征越趋明显。

第四节　小　结

本部分的研究进一步证实了第三章的结论，即汇改后人民币汇率预期存在着显著的异质性特征：即持有推断预期的技术分析者和持有回归预期的基本面分析者。具体而言，在人民币汇率升值的最初阶段，市场交易者主要体现为技术分析者，接着，在很长一段时期内外汇市场由基本面分析者占据主导地位，进而在金融危机时期，技术分析者和基本面分析者在外汇市场中相互"交替"，都未明显地占据主导地位，最后，随着全球经济的逐步复苏，汇率政策越来越趋于明朗化，在此情况下，持有推断预期的技术分析者占据了人民币外汇市场的主导地位。

实证研究还发现：央行干预对于外汇市场中参与者的异质性预期具有重要的影响作用。一方面，央行干预强度的减弱将会提高技术分析者保持原来特征的概率；另一方面，虽然央行干预强度的减弱将会降低基本面分析者对人民币汇率向基本面回归的预期程度，但是央行干预强度对基本面分析者保持原来特征的概率不具有显著的影响。研究认为，基本面分析者占据主导地位，是与回归预期策略的盈利性有关，而与央行干预政策变动无关。于是，我们进一步推断，汇改后人民币汇率变动幅度的扩大，主要是一个市场行为的结果，而非政策变动的结果。这意味着随着人民币汇率制度改革的进行，市场因素在人民币汇率的形成中的重要性开始凸显，人民币汇率形成机制的市场化特征越趋明显。

综上所述，汇率预期的异质性已成为汇改后人民币外汇市场的典型特征，而且央行干预对于不同预期特征的参与者具有不同的影响，因此央行在进行外汇市场干预时，不仅要考虑在市场上干预的方向和幅度，而且应关注其干预措施对外汇市场参与者异质性预期所产生的可能影响，还应该着重关注和把握外汇市场中参与者的特征及其变化，尤其是市场参与者的预期行为以及各自的预期依据,比如汇率的以往走势、宏观经济基本面、其他外部冲击等,这样才能正确把握人民币汇率的形成机理,从而达到政策干预的有效性。

第五章 央行干预与人民币汇率均衡：基于行为金融的视角

第一节 问题的提出

2005年7月，中国政府启动人民币汇率形成机制改革。改革的目标是：建立健全以市场供求为基础的、有管理的浮动汇率体制，保持人民币汇率在合理、均衡水平上的基本稳定（中国人民银行，2005）。目标包含两层含义：第一，强调"市场之手"在汇率均衡中的重要性，即通过汇率形成机制的市场化，充分发挥市场在资源配置中的基础性作用，使得汇率水平更加均衡；第二，重视"政府"对"市场"的管理，通过中央银行对外汇市场的干预，以保持人民币汇率在合理、均衡水平上的基本稳定。

市场在汇率均衡中的重要作用毋庸置疑，但是为何需要央行干预？事实表明，汇率形成机制的市场化有助于发挥市场的价格发现功能，但是完全市场化决定的汇率并不一定是均衡汇率。以1984年5月至1985年2月的美元为例。在此期间，美元升值的幅度达到近20%，但是，美元对其他国家货币的利差却在不断下降，货币增长率、产出增长率和贸易逆差等宏观经济变量的变动也难以解释美元的大幅升值（Frankel & Froot，1990）。可见，即使完全市场化下决定的汇率，也会出现大幅失调。研究表明，布雷顿森林体系崩溃后发达国家货币汇率的大幅波动和失调与汇率形成机制市场化后外汇市场出现的典型特征——交易者异质性有关。

交易者异质性是指由于信息的不对称导致了不同交易者所获得的信息存在着差异（Ito，1990），或者交易者虽然拥有相同信息集，但是由于对信息的选择有着不同偏好，因此对信息持有不同的信念（MacDonald &

Marsh, 1996; Bénassy-Quéré. et al., 2003; Frenkel et al., 2008), 于是基于不同的信息或信念, 外汇市场的交易者分化为两类: 采用推断预期的技术分析者(Chartist)和采用回归预期的基本面分析者(Fundamentalist)(Frankel & Froot, 1990; Takagi, 1991; Allan & Taylor, 1992)。其中技术分析者完全不知或忽略任何经济基本面信息, 预期当前汇率将会延续以往趋势即"追涨杀跌", 因此也被视为一种噪声交易者(Delong, 1990)。De Grauwe 和 Grimaldi(2006)、Manzan 和 Westerhoff(2007)的数值模拟结果显示, 外汇市场中技术分析者相对于基本面分析者的比重越大, 汇率波动的程度越大。Olivier 和 Andrew(2002)的研究发现, 在浮动汇率制度下, 对于同一水平的经济基本面冲击, 外汇市场存在着多重均衡。频繁的噪声交易将会导致较高的汇率波动, 进而加剧噪声交易。

因此为了打击外汇市场中以技术分析者为代表的非理性噪声交易, 以降低汇率的波动和失衡程度, 中央银行应对外汇市场进行干预。干预方式包括: "可信任承诺"(A Credible Commitment)——承诺降低汇率的波动, 使得外汇市场处于"低噪声交易、低汇率波动"的最优均衡(Olivier & Andrew, 2002); 或直接入市买卖, 影响技术分析者的盈利, 从而降低技术分析者在市场中的比例(De Grauwe & Grimaldi, 2006)。

诚然, 中国人民银行明确表示汇率政策的目的在于保持人民币汇率在合理、均衡水平上的基本稳定, 并且自 2005 年人民币汇率制度改革(以下简称"汇改")以来, 人民币实际有效汇率持续升值, 迄今为止已升值 33.8%。但是, 国际社会对人民币汇率政策的质疑依然存在。美国财政部在 2013 年 4 月的《国际经济和汇率政策报告》中表示: "人民币依然显著低估, 大规模的外汇市场干预依然存在, 更重要的是, 中国的汇率政策缺乏透明性", "中国应该即时公布外汇市场干预信息"。[①] 那么, 自 2005 年汇改以来, 央行干预到底是推动, 还是延缓或阻碍了人民币汇率更加均衡?

对此, 本章基于人民币汇率形成机制市场化的背景, 从外汇市场交易者异质性的微观假定出发, 理论研究央行干预对汇率失调程度存在的可能影响, 并建立相应的实证框架, 检验和评价自 2005 年汇改以来, 央行干预是否更好地促进人民币汇率均衡。本章的研究有助于正确理解和认识央

[①] "U. S. Department of the Treasury Office of International Affairs," *Report to Congress on International Economic and Exchange Rate Policies*, April 12, 2013, p. 4.

行干预在人民币汇率均衡中的影响和作用,从而为人民币汇率政策和汇率制度改革的进一步方向提供更全面的参考依据。

第二节 理论分析

一、交易者异质性假定

交易者异质性是布雷顿森林体系崩溃后发达国家外汇市场中的典型特征。对于汇改后的人民币外汇市场,黎琦嘉(2010)对Bloomberg每月定期公布的人民币汇率预期值进行了异质性检验。结果表明,在人民币外汇市场中同样存在着异质性。在各类预期方式中,采用适应性预期的交易者人数最少,推断预期和回归预期是人民币外汇交易者采用的主要预期方式。在前文,笔者基于行为金融框架实证估计了汇改后人民币外汇市场中异质性交易者在各个时期的比例变化。交易者异质性特征可表示如下。

基本面分析者的预期:

$$E_{f,t}(e_{t+1}) = e_{t-1} + \alpha(\bar{e}_{t-1} - e_{t-1}) \tag{5-1}$$

技术分析者的预期:

$$E_{c,t}(e_{t+1}) = e_{t-1} + \beta\dot{e}_{t-1} \tag{5-2}$$

其中,e_t为现实汇率,以直接标价法表示,$\bar{e}_t$为均衡汇率水平,$\dot{e}_t$为现实汇率的变动值,上述标号皆为对数形式,$\alpha > 0$,$\beta > 0$。式(5-1)至式(5-2)的经济含义是,基本面分析者采用回归预期方式,预期汇率将会回归到均衡汇率水平,而技术分析者采用推断预期方式,根据汇率变动的原有趋势预测汇率走势。我们根据两类交易者在外汇市场上的比重对他们的预期进行加权,来表示外汇市场交易者对汇率变动值的总体预期。若省略时期t,x可表示为:

$$x = w_1\beta\dot{e} + (1 - w_1)\alpha(\bar{e} - e) \tag{5-3}$$

其中,w_1为技术分析者在外汇市场中的比重。式(5-3)可近似为:

$$x = [\alpha - w_1(\alpha + \beta)](\bar{e} - e) \tag{5-4}$$

二、宏观模型

1. 国际资产市场均衡

国际资产市场均衡的条件为：

$$i - i^* = x \tag{5-5}$$

其中，i 和 i^* 分别为国内外利率。① 结合式（5-4），不难得到：

$$i - i^* = [\alpha - w_1(\alpha + \beta)](\bar{e} - e) \tag{5-6}$$

2. 国内货币市场均衡

假定货币需求函数为：

$$m^d = -\sigma i + \emptyset y + p \tag{5-7}$$

其中，m^d、y、p 分别代表名义货币需求、国民收入和价格的对数形式。系数 $\sigma > 0$，$\emptyset > 0$，p 的系数单位化为 1。式（5-7）表示，名义货币需求与利率负相关，与国民收入正相关，与价格正相关。

货币供给函数为：

$$m^s = m_d + m_f \tag{5-8}$$

若不考虑货币乘数，一国货币供给来源于两个方面：因国内信贷而引起的货币供给 m_d 和来源于央行干预的外汇占款的货币供给 m_f。m_f 可表示为关于央行对汇率波动的反应函数：$m_f = -\varphi \dot{e} = -\sigma\gamma\dot{e}$。为了后文分析的方便，反应系数 φ 表示为 σ 与 γ 的乘积，该系数反映了央行干预程度的大小。当 $\varphi = 0$ 时，央行不干预外汇市场，汇率完全浮动，当 $0 < \varphi < +\infty$ 且 $\varphi \neq 0$ 时，汇率制度为有管理的浮动汇率制度，φ 越小，央行干预强度越小，反之 φ 越大，央行干预强度越大。

根据式（5-7）和式（5-8），可以得到国内货币市场均衡的条件：

$$-\sigma i + \emptyset y = m_d + m_f - p = m_d - \sigma\gamma\dot{e} - p \tag{5-9}$$

进一步地，根据附录 3 式（A1），式（5-9）可近似写为：

$$-\sigma i + \emptyset y = m_d + \sigma\gamma(\bar{e} - e) - p \tag{5-10}$$

当整个经济体处于均衡状态时，$e = \bar{e}$，$\dot{e} = 0$（汇率稳定），$x = 0$，$y = \bar{y}$（$\bar{y}$ 为均衡状态的产出，假定为经济体的潜在产出）。根据式（5-4）、式（5-5）

---

① 为了分析的简洁性，本书不考虑交易者的风险溢酬，但不改变本书结论。

和式 (5-10)，可得：

$$-\sigma i^* + Ø\bar{y} = m_d - \bar{p} \tag{5-11}$$

将式 (5-11) 减去式 (5-10) 可得：

$$\sigma x = p - \bar{p} - \sigma\gamma(\bar{e} - e) + Ø(y - \bar{y}) \tag{5-12}$$

令 $\theta = \alpha - w_1(\alpha + \beta) + \gamma = \alpha - w_1(\alpha + \beta) + \dfrac{\varphi}{\sigma}$ (5-13)

那么式 (5-12) 可表示为：

$$\sigma\theta(\bar{e} - e) = p - \bar{p} + Ø(y - \bar{y}) \tag{5-14}$$

3. 国内商品市场均衡

同 Dornbusch (1979) 一样，为了分析的简洁性，我们不考虑由国内利率决定的投资性需求。一国国内商品的需求 y^d 包括以下部分（指标均以对数形式表示）：国内居民的消费需求，与国民收入 $y = y^d$ 正相关，表示为 ry；国外居民的消费需求，与实际有效汇率 $e - p$（为了分析的方便，假定国外价格为单位1）正相关，[1] 表示为 $\delta(e - p)$；政府支出，表示为 u。那么：

$$y^d = u + \delta(e - p) + ry \tag{5-15}$$

国内商品市场均衡的条件为菲利普斯曲线成立：

$$\dot{p} = \pi(y - \bar{y}) \tag{5-16}$$

那么当整个经济体处于均衡状态时，$y = \bar{y}$，$e = \bar{e}$，$p = \bar{p}$，代入式 (5-15)，得到：

$$\bar{y} = u + \delta(\bar{e} - \bar{p}) + r\bar{y} \tag{5-17}$$

将式 (5-17) 减去式 (5-15)，得到：

$$(1 - r)(y - \bar{y}) = -\delta(\bar{e} - e) + \delta(\bar{p} - p) \tag{5-18}$$

进一步地，根据式 (5-14)，可推出：

$$\bar{e} - e = \frac{1 - Ø\mu\delta}{\sigma\theta + Ø\mu\delta}(p - \bar{p}) \quad \text{其中} \; \mu = \frac{1}{1 - r} \tag{5-19}$$

资产市场的调整快于商品市场，当商品市场还未调整时，资产市场就已经开始调整。因此当国内价格 p 上升，对汇率的主要影响是：引起国内实际货币供给减少，国内利率提高，国外资本流入，从而导致本币升值，

---

[1] 卢向前等 (2005)、封思贤 (2007)、刘尧成等 (2010) 等研究认为马歇尔—勒纳条件在我国成立。

外币贬值,即 e 减小,[①] 因此,我们令 $1 - Ø\mu\delta > 0$。

三、央行干预对汇率失调的影响

结合式 (5-14) 和式 (5-19),可得到:

$$\frac{-\sigma\theta\mu\delta - \mu\delta}{\sigma\theta + Ø\mu\delta}(p - \bar{p}) = y - \bar{y} \tag{5-20}$$

进而,将式 (5-20) 代入式 (5-16),可得到:

$$\dot{p} = -\pi\mu\delta \times \frac{\sigma\theta + 1}{\sigma\theta + Ø\mu\delta} \times (p - \bar{p}) \tag{5-21}$$

因此,$p(t) - \bar{p} = (p(0) - \bar{p})\exp(-vt)$,其中 $v = \pi\mu\delta\frac{\sigma\theta + 1}{\sigma\theta + Ø\mu\delta}$,结合式 (5-19),可得到:

$$e(t) - \bar{e} = (e(0) - \bar{e})\exp(-vt) \tag{5-22}$$

式 (5-22) 描述了汇率变化的动态过程。当 $\frac{-1}{\sigma} > \theta$ 或 $\theta > \frac{-Ø\mu\delta}{\sigma}$ 时,$v > 0$,汇率向均衡汇率水平回归,失调程度降低。当 $\frac{-1}{\sigma} < \theta < \frac{-Ø\mu\delta}{\sigma}$ 时,$v < 0$,汇率偏离均衡汇率水平,失调程度扩大。假定技术分析者比例 w_1 是关于央行干预 φ 的减函数 (De Grauwe & Grimaldi,2006),那么 $\theta'(\varphi) > 0$。于是,存在 φ_1、φ_2,当 $\varphi < \varphi_1$ 或 $\varphi > \varphi_2$ 时,$\frac{-1}{\sigma} > \theta$ 或 $\theta > \frac{-Ø\mu\delta}{\sigma}$,$v > 0$,此时汇率向均衡汇率水平回归,失调程度缩小,而当 $\varphi_1 < \varphi < \varphi_2$ 时,$\frac{-1}{\sigma} < \theta < \frac{-Ø\mu\delta}{\sigma}$,$v < 0$,此时汇率偏离均衡水平,失调程度扩大。因此,命题 1 成立。

命题 1:央行干预对汇率失调存在"U"型效应。当央行干预系数 φ 处于 φ_1 和 φ_2 之间时,央行干预延缓或阻碍了汇率均衡。当央行干预系数 φ 小于 φ_1 或大于 φ_2 时,央行干预促进了汇率均衡。

[①] 购买力平价在长期的均衡状态下成立,体现为式 (5-17)。

第三节　实证模型：ESTAR 模型

平滑转移门限自回归（STAR）模型是由 Granger 和 Terasvirta（1993）提出。他们认为，标准的线性模型（如 AR、ARMA 或标准的协整模型）忽视了经济行为因内生变化而可能产生的非线性特征，容易产生错误的结论，而 STAR 模型则有效地刻画了经济变量在不同区制之间的连续、光滑的非线性结构转移，更符合经济现实，具有更明显的实证优势。因此，STAR 模型自提出以来，一直成为计量经济学理论和应用研究的前沿分支之一（王少平和彭方平，2006）。

STAR 模型可表示为：

$$y_t = C_1(L)y_{t-1} + G(z_{t-d}, \gamma, c)C_2(L)y_{t-1} + \varepsilon_t \qquad (5-23)$$

其中，y_t 为经济变量，$C_1(L)$、$C_2(L)$ 为自回归滞后参数，滞后阶数根据 AIC 准则进行选择，ε_t 为独立同分布的误差序列，转移函数 $G(z_{t-d}, \gamma, c)$ 是值域为 [0, 1] 的有界、连续函数，z_{t-d} 为转移变量，d 为转移位置，γ 为转移速度，c 为转移的门限值。当转移函数为指数形式时，式（5-23）即为 ESTAR 模型。

$$G(z_{t-d}, \gamma, c) = 1 - \exp[-\gamma(z_{t-d} - c)^2] \qquad (5-24)$$

图 5-1 显示，当 z_{t-d} 趋于 $-\infty$ 或 $+\infty$ 时，转移函数 $G(z_{t-d}, \gamma, c)$ 趋于 0，此时，y_t 服从区制 1 的过程 $y_t = C_1(L)y_{t-1} + \varepsilon_t$。而当 z_{t-d} 趋于门限值 c 时，转移函数 $G(z_{t-d}, \gamma, c)$ 趋于 1，此时，y_t 服从区制 2 的过程 $y_t = C_1(L)y_{t-1} + C_2(L)y_{t-1} + \varepsilon_t$。可见，式（5-24）的转移函数描述了 y_t 在区制 1 和区制 2 之间的连续平滑转移。

根据命题 1 的结论，央行干预对汇率失调存在"U"型效应，因此我们可采用转移函数同样具有"U"型特征的 ESTAR 模型进行实证检验。具体思路是：首先，测算央行干预指数 z_{t-d} 和人民币汇率失调程度 y_t。其次，建立式（5-23）和式（5-24）的 ESTAR 模型，进行非线性检验，如果不能通过非线性检验，则意味着央行干预对人民币汇率失调不具有显著影响，反之，则具有显著影响，进而对 ESTAR 模型进行实证估计。最后，基于所得到的实证估计结果，通过分析汇率失调程度 y_t 在区制 1 和区制 2

图 5-1 指数型转移函数

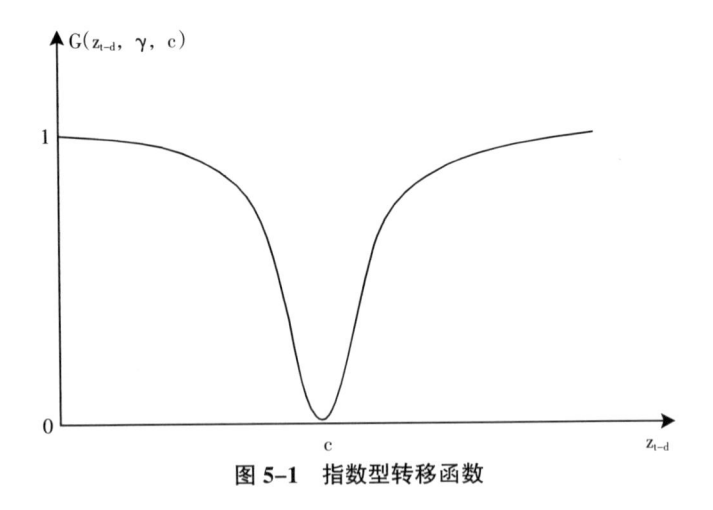

所服从的自回归过程的特征,以及转移函数在现实中的时间分布,判断央行干预是推动,还是延缓或阻碍了汇率均衡。

第四节 实证研究

一、央行干预指数的测算

根据 Fiess 和 Shankar(2009)的外汇市场压力测算模型,我们可引申出央行干预指数的测算公式:

$$INT_t = \frac{(\sigma_{\Delta E_t}/\sigma_{\Delta R_t})(\Delta R_t)}{(\sigma_{\Delta E_t}/\sigma_{\Delta R_t})(\Delta R_t) + \Delta E_t} \tag{5-25}$$

其中,ΔR_t 为外汇储备变动额,$\sigma_{\Delta E_t}$ 和 $\sigma_{\Delta R_t}$ 分别为汇率变动值 ΔE_t 和外汇储备变动额 ΔR_t 的标准差。式子显示,当 ΔE_t 等于 0 时,INT_t 等于 1,此时央行干预最强,维持固定汇率制度,而当 INT_t 大于或小于 1 时,则央行干预较弱。

研究样本区间是 2005 年 8 月至 2013 年 3 月。数据频度为月度。汇率 e 是指人民币兑美元的即期汇率,采用直接标价法。汇率变动值和外汇储备变动值的数据来源于路透社。图 5-2 给出了央行干预指数 INT_t 的变化情况。图中显示，在美国金融危机发生以后的 2008 年 6 月至 2010 年 5 月期间，央行干预强度最大，而在其他时间段，央行干预强度相对较小，其中尤以 2006 年 3 月、2007 年 2 月、2008 年 5 月、2010 年 6 月、2011 年 6 月等时点的央行干预强度最小。若比较美国金融危机前后，还可以发现，金融危机之后央行干预的强度明显高于金融危机之前。

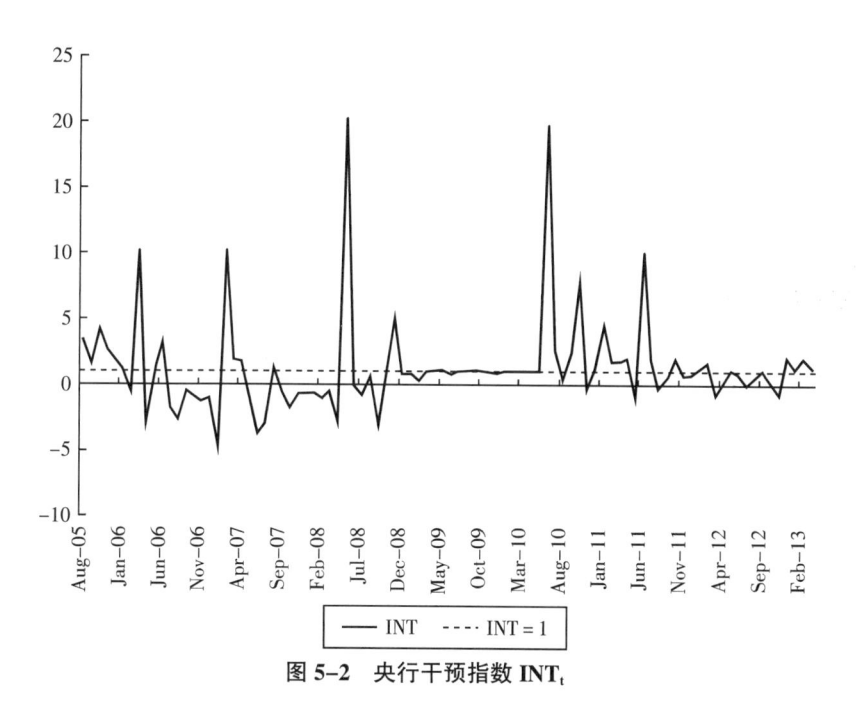

图 5-2 央行干预指数 INT_t

二、人民币汇率失调程度的测算

均衡汇率是指内外部经济同时达到均衡时的汇率。自 Nurkse（1945）提出均衡汇率的概念以来，研究者们开发出多种汇率均衡的评估方法，以测算均衡汇率水平。方法分为两大类：基于价格角度的购买力平价法和基于宏观经济平衡角度的方法，后者包括 Williamson（1983）提出的基本要素均衡汇率（Fundamental Equilibrium Exchange Rate，FEER）方法、Clark 和 MacDonald（1998）提出的行为均衡汇率（Behavioral Equilibrium

Exchange Rate，BEER）方法、Stein（1995）提出的自然均衡实际有效汇率（Natural Real Exchange Rate，NATREX）方法以及Edwards（1989）提出的均衡实际有效汇率（Equilibrium Real Exchange Rate，ERER）方法等。

自2002年以来，随着中国对外贸易顺差的扩大，国际社会不断对人民币施加升值压力。人民币是否低估？低估程度如何？引起了国内学者们的极大关注。学者们对人民币均衡汇率进行了诸多的研究。他们主要采用的方法是基于宏观经济平衡角度的方法，比如林伯强（2002）采用FEER方法，施建淮和余海丰（2005）采用BEER方法，孙茂辉（2006）采用NATREX方法等。

不同于以往研究，本章采用经扩展的购买力平价法来测算人民币汇率的失调程度。理由在于：第一，FEER、BEER等方法存在理论缺陷，比如假定经常账户差额的合理性可通过汇率的调整来实现，但是这一假定并没有得到实证的严格证实（Engle，2009），且对于外部均衡的概念，更多地体现在统计意义上，在相关实证变量的选择和基准值的设定上存在着较强的主观性和随意性。相较而言，购买力平价则具有更好的理论基础，并在实证上存在较少的"人为"、主观的预先假定。第二，虽然购买力平价的成立曾一度受到质疑（Rogoff，1996），但是在20世纪90年代之后，学者们在考虑到巴拉萨—萨缪尔森效应、实际汇率的非线性调制机制以及改进的计量分析技术之后，发现实际汇率均衡调整半衰期明显缩短，比如Lothinan等（2000）测算美元与英镑汇率均衡调整半衰期约为2.5年，低于Rogoff（1996）测算的5年，重新验证了购买力平价的成立。第三，研究发现，存在着所谓的"PENN"效应：即一国经市场汇率折算后的相对价格水平与其人均GDP水平存在着正向关系，经济越发达的国家，相对价格水平越高。"PENN"效应最早由Gilbert和Kravis（1954）发现，并在历次的ICP数据分析中得到验证（Kravis et al.，1978；World Bank，2008；Deaton & Heston，2009），因此经扩展的购买力平价法在实证上更优于原始的购买力平价法。

经扩展的购买力平价为：

$$e = -p^* + p + g^* - g \tag{5-26}$$

其中，p^*和p分别为国外和国内的价格指数（对数形式），g^*和g分别为国外和国内的人均GDP（对数形式）。在实证中，采用美国和中国的CPI指数来分别度量p^*和p，g^*和g的计算是美国和中国的GDP除以各国人口数。CPI 的数据频度为月度。GDP 的原始数据为季度数据，人口的原始数据为年度数据。采用 NSPLINE 方法将 GDP 和人口的原始数据降频为月度数据，并且基于 Census X12 方法对 GDP 数据进行了季节性调整，随后进行 g^* 和 g 的计算。所有数据都来源于路透社。

单位根检验结果表明（见表5-1），e、p^*、p、g^* 和 g 都是一阶平稳。进而，对它们进行 Johansen 协整检验，检验结果见表5-2。结果显示，e、p^*、p、g^* 和 g 存在协整关系，由此可以得到人民币均衡汇率水平的测算方程为：

$$e = -2.2p^* + 0.19p + 0.87g^* - 0.33g + 0.0035t \tag{5-27}$$

表5-1　ADF 单位根检验结果

变量	检验形式（C, T, L）	ADF 统计量	5%临界值
e	(C, T, 2)	-2.47	-3.46
d(e)	(C, N, 1)	-3.02**	-2.89
p	(C, T, 11)	-3.26	-3.46
d(p)	(C, N, 11)	-4.04***	-2.90
p^*	(C, N, 1)	-1.05	-2.89
d(p^*)	(C, N, 0)	-5.28**	-2.89
g	(C, T, 11)	-1.45	-3.47
d(g)	(C, N, 9)	-4.16***	-2.90
g^*	(C, T, 4)	-2.94	-3.46
d(g^*)	(N, N, 3)	-2.03**	-1.94

注：检验形式（C, T, L）分别代表单位根检验方程中常数项、趋势项和滞后项。N 指不包括常数项或趋势项。***、** 分别代表在 1% 和 5% 水平下显著。
资料来源：根据 Eviews6.0 软件估计得到。

表5-2　Johansen 协整检验结果

零假设	特征值	秩统计量	5%临界值
None**	0.476514	56.95759	38.33101
At most 1**	0.351211	38.07297	32.11832
At most 2	0.249004	25.19922	25.82321
At most 3	0.11912	11.16135	19.38704
At most 4	0.080885	7.422321	12.51798

续表

		标准化的协整系数：一个协整方程				
变量	e	趋势项 t	p	p*	g	g*
估计值	1	−0.0035	−0.19463	2.197546	0.331692	−0.86692
标准差		0.00107	0.13213	0.18833	0.09938	0.09067

注：** 表示在 5% 的显著水平拒绝原假设。
资料来源：根据 Eviews 6.0 软件估得到。

式（5-27）表明，美国价格指数的上升、中国人均产出的降低将引起人民币汇率的贬值，而中国价格指数的上升，美国人均产出的降低将引起人民币汇率的升值，系数符号都符合购买力平价和"PENN"效应的预示。因此式（5-27）的人民币均衡汇率水平的测算方程是合理的。

进而，采用 H-P 滤波方法对以上各宏观经济变量提取长期水平，然后代入测算方程（5-27），从而得到人民币的均衡汇率水平。将人民币现实汇率 e 减去均衡汇率 $\bar{e}$，即为人民币汇率的失调程度（$e-\bar{e}$）。图 5-3 给出了失调百分比的变化情况。

图 5-3 人民币汇率失调程度

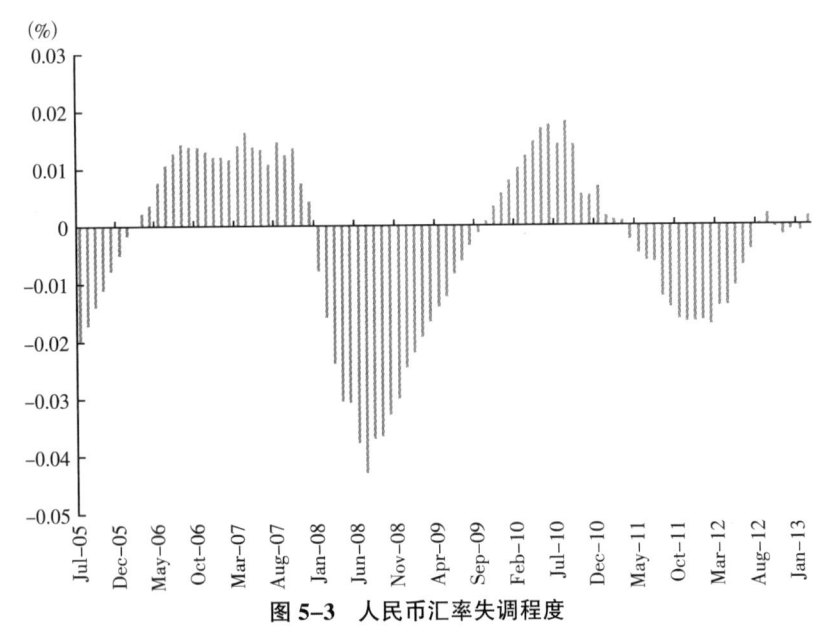

资料来源：根据 Eviews 6.0 软件估计得到。

图 5-3 显示，从总体来看，人民币汇率并未出现大幅度的失调，低估幅度不超过 2%，高估幅度不超过 4%。2005 年 8 月至 2006 年 1 月，人民币汇率处于短暂的高估，这可能与人民币汇率制度改革初始人民币汇率的突然大幅升值有关。2006 年 2 月至 2007 年 12 月，人民币汇率低估，低估的原因来自中国经常账户顺差的急剧扩大，在此期间，中国经常账户差额占 GDP 比例由 2006 年第一季度的 4.1% 飙升到 2007 年第四季度的 8.7%，明显超出国际公认的合理水平 2%。2008 年之后，国际金融危机的演化成为了人民币汇率失调的主导因素。在金融危机恶化的 2008 年至 2009 年，人民币汇率出现了较大幅度的高估，最高幅度达 4%，而随着危机的暂时好转，人民币汇率于 2010 年转为低估。接着，由于欧洲债务危机的爆发，人民币汇率低估程度在 2010 年下半年不断缩小，并于 2011 年 4 月开始再度出现高估，直至 2012 年 7 月。之后，人民币汇率失调的程度较低，基本上处于合理的均衡水平。

三、央行干预使得人民币汇率更加均衡吗

在测算出央行干预指数和人民币汇率失调程度之后，建立 ESTAR 模型。

$$(e - \bar{e})_t = C_1(L)(e - \bar{e})_{t-1} + G(INT_{t-d}, \gamma, c)C_2(L)(e - \bar{e})_{t-1} + \varepsilon_t \quad (5-28)$$

$$G(INT_{t-d}, \gamma, c) = 1 - \exp[-\gamma(INT_{t-d} - c)^2] \quad (5-29)$$

根据 AIC 准则，$C_1(L)$ 和 $C_2(L)$ 的滞后阶数为 3，转移位置 d 为 1。进而，进行非线性检验。由于基于零假设 H_0：$e - \bar{e}$ 服从区制 1 的线性自回归过程 $(e - \bar{e})_t = C_1(L)(e - \bar{e})_{t-1} + \varepsilon_t$，区制 2 的自回归系数 $C_2(L)$ 和转移函数 $G(INT_{t-d}, \gamma, c)$ 中的参数 γ 和 c 无法识别，相应的非线性检验统计量服从非标准的渐进分布，因此无法构造标准的渐进分布统计量。为解决该问题，Luukkonen 等（1988）提出基于三阶泰勒展开式的检验方法。具体而言，将式（5-29）的转移函数 $G(INT_{t-d}, \gamma, c)$ 在 c = 0 处进行三阶泰勒展开，然后代入式（5-28），将其改写为：

$$(e - \bar{e})_t = (e - \bar{e})_{t-1}\beta_0 + (e - \bar{e})_{t-1}INT_{t-d}\beta_1 + (e - \bar{e})_{t-1}INT_{t-d}^2\beta_2 +$$
$$(e - \bar{e})_{t-1}INT_{t-d}^3\beta_3 + (e - \bar{e})_{t-1}INT_{t-d}^4\beta_4 + \varepsilon_t \quad (5-30)$$

此时，ESTAR 模型的非线性检验等价于检验零假设 H_1：$\beta_j = 0$（j = 1，2，3，4），由此可构造服从 χ^2 分布的 LM 检验统计量。最终的检验结果

表明，式（5-28）至式（5-29）的非线性检验 LM 检验统计量值为 5.98，我们可在 1%的显著性水平上拒绝零假设 H_1，这意味着人民币汇率失调程度具有非线性变化特征：即存在着区制 1 和区制 2 两个变化过程，并且人民币汇率失调程度在区制 1 和区制 2 之间的转移可由央行干预指数决定的转移函数来描述。也就是说，央行干预对人民币汇率失调具有显著影响。

进而，对式（5-28）和式（5-29）进行实证估计，得到各参数的估计值和标准差。鉴于 ESTAR 模型的非线性特征，可运用 Bootstrap 仿真方法（Hongyi & Maddala，1997），得到各参数估计值地置信区间，以进行各参数的显著性检验。检验思路与步骤为：第一，对式（5-28）和式（5-29）进行NLS 估计，得到参数估计值 $C_1(L)$、$C_2(L)$、γ 和 c，以及标准化的残差序列 ε_t；第二，从标准化的残差序列 ε_t 有回置地随机抽取 Bootstrap 残差序列 ε_t，与参数估计值 $C_1(L)$、$C_2(L)$、γ 和 c 一起代入式（5-28）和式（5-29），得到新的数据 $e - \bar{e}$；第三，运用新的样本数据进行式（5-28）和式（5-29）的估计，得到新的参数估计值和标准化残差序列；第四，重复以上步骤 N 次可得到每个参数的 Bootstrap 估计值，将它们进行升序排列，最后可得到各参数基于不同置信水平的置信区间。取重复次数 N = 1000，将其中的第 26 个和第 975 个估计量作为置信区间 5%水平的下限和上限。各参数的估计值、置信区间如表 5-3 所示。

表 5-3 参数估计结果

参数	C_{10}	C_{11}	C_{12}	C_{13}	C_{20}
估计值	−0.001**	3.72**	−4.42**	1.58**	0.001**
置信区间	[−3.63, 0.026]	[−25.52, 156.12]	[−0.008, 36.5]	[−12.28, 4.33]	[−0.026, 3.63]

参数	C_{21}	C_{22}	C_{23}	γ	c
估计值	−2.54**	4.68**	−2.07**	0.80**	3.69**
置信区间	[−154.87, 26.75]	[−36.38, 700]	[−433.2, 11.84]	[1.08, 5.27]	[3.02, 4.58]

注：** 表示参数在 5%的水平上显著。

于是，人民币汇率失调程度的变化过程可表示为：

$$(e - \bar{e})_t = -0.001 + 3.72(e - \bar{e})_{t-1} - 4.42(e - \bar{e})_{t-2} + 1.58(e - \bar{e})_{t-3} + \\ G(INT_{t-d}, \gamma, c)[0.001 - 2.54(e - \bar{e})_{t-1} + 4.68(e - \bar{e})_{t-2} - \\ 2.07(e - \bar{e})_{t-3}] + \varepsilon_t \tag{5-31}$$

$$G(INT_{t-d}, \gamma, c) = 1 - \exp\left[-0.80(INT_{t-1} - 3.69)^2\right] \quad (5-32)$$

表 5-4 的 Box-Ljung Q 统计量和 ARCH-LM 检验统计量表明，估计得到的残差序列不存在自相关，也不存在 ARCH 效应，因此，式（5-31）、式（5-32）的估计模型是合理的。

表 5-4 残差检验

统计量	LB（10）	LB（15）	LB（20）	ARCH-LM
统计量值	5.37	8.47	10.24	13.74
P 值	0.87	0.90	0.96	0.32

根据式（5-31），人民币汇率失调程度存在两个变化过程。区制 1：$(e-\bar{e})_t = -0.001 + 3.72(e-\bar{e})_{t-1} - 4.42(e-\bar{e})_{t-2} + 1.58(e-\bar{e})_{t-3}$。区制 2：$(e-\bar{e})_t = 1.18(e-\bar{e})_{t-1} + 0.26(e-\bar{e})_{t-2} - 0.5(e-\bar{e})_{t-3}$。图 5-4 和图 5-5 分别给出了区制 1 和区制 2 的脉冲响应函数。从图中可以看出，在区制 1，一个单位 1 的正向脉冲将导致人民币汇率失调程度呈发散状扩大，而在区制 2，面对一个单位 1 的正向脉冲，人民币汇率失调程度的反应是：前 6 个月，汇率失调程度扩大，表现出"超调"（Overshooting）特征，之后，失调程度呈不断衰减趋势，衰减期大概为 36 个月。[①] 可见，人民币汇率失调程度的变化存在两个性质截然不同的区制。区制 1 为"非均衡"区制，在此区制，人民币汇率失调程度不断扩大，人民币汇率偏离均衡水平。区制 2 为"均衡"区制，在此区制，人民币汇率失调程度不断缩小，人民币汇率向均衡水平回归。

人民币汇率在"均衡"区制和"非均衡"区制之间的转移由央行干预指数 INT_{t-1} 决定。图 5-6 给出了样本区间央行干预指数与转移函数值之间的"U"型关系图。图中表明，诚如命题 1 的结论，当央行干预指数处于 [2.35, 5] 区间时，人民币汇率失调程度趋向于"非均衡"区制，央行干预阻碍了人民币汇率均衡，而当央行干预指数不处于 [2.35, 5] 区间时，人民币汇率失调程度趋向于"均衡"区制，央行干预推动了人民币汇率更加均衡。

[①] 略高于 Lothinan 等（2000）测算的美元与英镑汇率均衡调整衰减期 2.5 年，但低于 Rogoff（1996）测算的 5 年，这侧面印证了前文采用经扩展的购买力平价法来测算人民币均衡汇率的合理性。

图 5-4 区制 1 的脉冲响应函数

图 5-5 区制 2 的脉冲响应函数

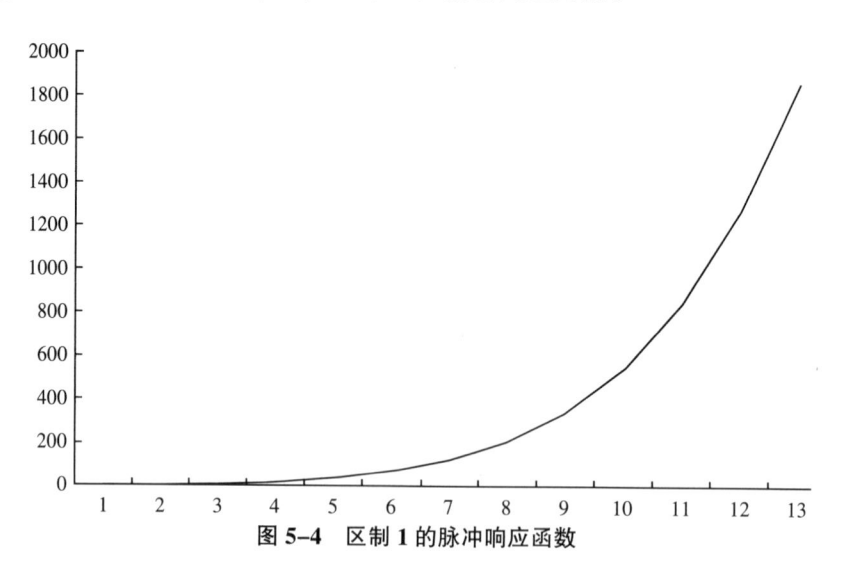

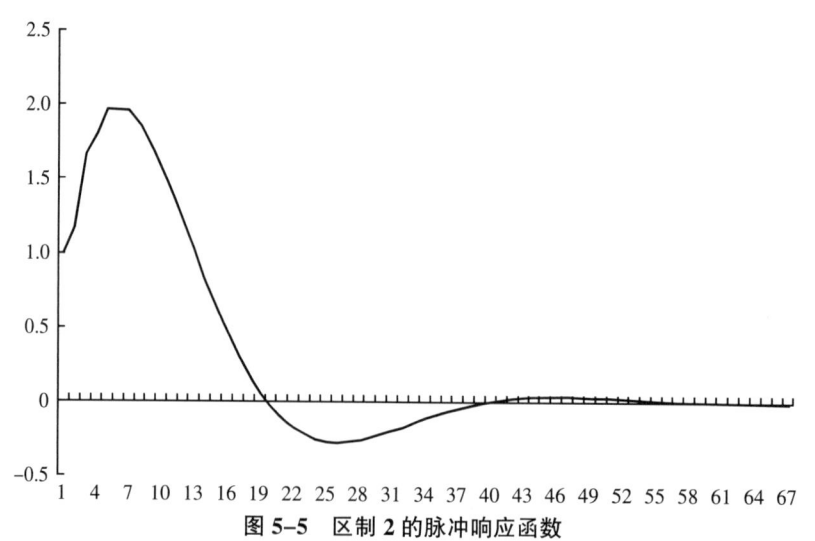

图 5-7 给出了自 2005 年汇改以来，由央行干预指数决定的转移函数的时间变化图。图中表明，除了少数时间点之外（比如 2005 年 8 月、2005 年 10 月、2006 年 1 月等），转移函数值在大部分时期里基本上接近于 1。也就是说，人民币汇率基本上处于"均衡"区制。因此我们可以认为，在汇改以来的大部分时期里，央行干预推动了人民币汇率更加均衡。

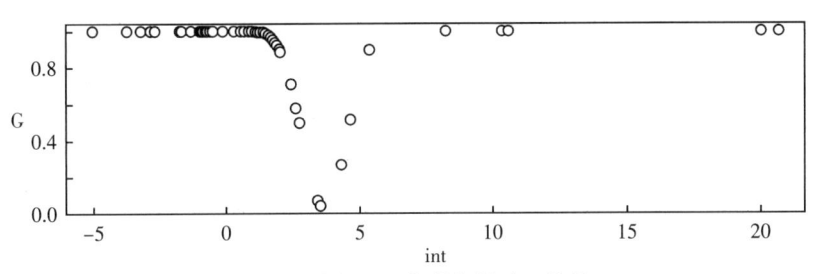

图 5-6 央行干预指数与转移函数值

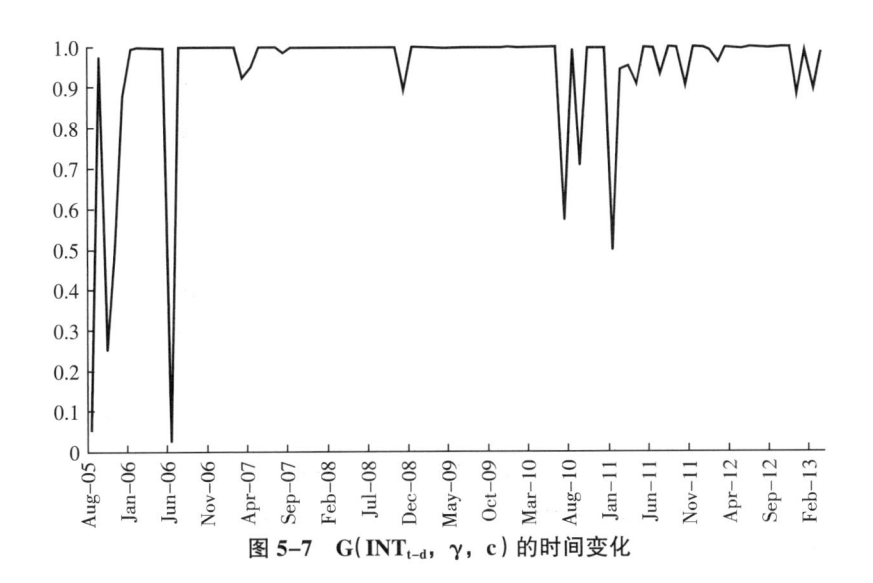

图 5-7 $G(INT_{t-d}, \gamma, c)$ 的时间变化

第五节 小 结

本章研究旨在回答央行干预是否推动了人民币汇率更加均衡。首先，在理论上研究了央行干预对汇率失调程度的影响特征，发现央行干预对汇率失调程度存在"U"型效应，即当央行干预指数 φ 处于 φ_1 和 φ_2 之间时，央行干预延缓或阻碍了汇率均衡；反之，则促进了汇率均衡。其次，分别测算了央行干预指数和人民币汇率失调程度，进而基于 ESTAR 模型进行实证检验。得到的主要结论如下：

第一，金融危机之后人民币外汇市场中央行干预的强度明显高于金融危机之前，其中在 2008 年 6 月至 2010 年 5 月，央行干预强度最大。

第二，从总体来看，自 2005 年汇改以来，人民币汇率并未出现大幅度的失调，低估幅度不超过 2%，高估幅度不超过 4%。2008 年之后，国际金融危机的演化成为了人民币汇率失调的主导因素。目前，人民币汇率失调的程度较低，基本上处于合理的均衡水平。

第三，人民币汇率失调程度的变化存在"非均衡"和"均衡"区制，两个区制之间的转移由央行干预决定。实证结果表明，在汇改以来的大部分时期里，央行干预使得人民币汇率基本上处于"均衡"区制，因此我们可以认为，央行干预推动了人民币汇率更加均衡。

以上结论给我们两个重要的政策启示：第一，2008 年之后，国际金融危机的演化成为了人民币汇率失调的主导因素，因此将人民币汇率失调"单方面"地归咎于中国汇率政策失责的做法有失偏颇，而应着重关注国际金融危机对人民币汇率失调产生的溢出效应。第二，在汇改以来的大部分时期里，央行干预推动了人民币汇率更加均衡，这意味着在美国金融危机发生以后，在人民币外汇市场上，央行干预强度的提高是恰当的，其有效应对了因国际金融危机带来的外部冲击，实现了"保持人民币汇率在合理、均衡水平上基本稳定"的政策目的。

第六章 行为金融视角下的汇率最优波动区间研究：基于宏观经济稳定性的标准

第一节 文献综述：最优汇率波动区间的选择

一国选择多大的汇率波动区间才是最优的？回答这一属于规范经济分析范畴的问题，首先涉及对评估标准的选择，不同的评估标准可能得到不同的答案。回顾文献，最优汇率波动区间的评估标准大体可以分为以下四类。

一、宏观经济稳定性标准

从文献来看，宏观稳定性标准有四种基本类型：产出稳定性、价格稳定性、国内产出波动和通货膨胀率波动之和最小化、通货膨胀率波动与失业率波动之和最小化。Turnovsky（1976）、Weber（1981）、Flood 和 Marion（1982）等采用产出稳定性标准比较研究了固定汇率制度和浮动汇率制度，结果表明两种汇率制度的优劣评价受到经济冲击的来源和经济系统参数值的影响。他们的研究思路基本上都是在 Mundell-Heming 模型的基础上，吸收了 Dornbusch（1976）的思想，建立一个价格黏性、预期理性、资本跨国完全流动、本国和外国债券完全可替代的小国开放经济模型，然后在随机的动态环境下求解由一系列约束条件所决定的内生变量（如价格、产出等），进而求解由这些内生变量所决定的目标函数的最优汇率制度安排。不同的地方是，Turnovsky（1976）和 Weber（1981）建立的模型隐含地假设经济结构的参数是稳定的，而 Flood 和 Marion（1982）却认为，市场预期的形成对政府不同汇率制度的选择可能反应剧烈，因此不能假设经济结构参数是稳定的。Flood（1979）采用价格稳定性标准，引入理性预期假定，建立了附加预期的总供给函数，他认为，"选择一个能够最小化国内价格预期误差的汇率制度是合意的"，基于这样的论断，他的研究得到了与 Turnovsky（1976）、Weber（1981）、Flood 和 Marion（1982）一样的结论，即认为最优汇率制度选择取决于各经济体的特定参数值和经济冲击的影响。

同样，基于 Mundell-Fleming-Dornbusch 的模型，刘晓辉和范从来（2009）研究了最优的人民币汇率制度安排，结果显示，若以价格稳定为标准，人民币最优的汇率制度安排是某一内点解代表的中间汇率制度，而以名义汇率稳定为标准，则人民币最优的汇率制度安排是固定汇率制度，他们还利用最小二乘回归方法实证估计了价格稳定目标下人民币最优的汇率制度弹性。Ghosh 等（1997）对 1960 年至 1997 年约 140 个国家的各类汇率制度进行了广泛的实证研究，他们发现，实行盯住汇率制度的国家，通货膨胀较低，且波动性较小，但是产出和就业的波动较大。他们认为，这种反通货膨胀的积极效应来自于两方面："纪律效应"和"公信力效应"。前者使货币供应量的增长率变得较低，后者在给定的货币增长率的情况下，将会使货币流通速度的增长率降低。至于为何实行盯住汇率制度的国家的产出和就业的波动较大，那是因为，实行盯住汇率制度的国家的低通货膨胀率是以实体经济较大的波动为代价的。随后 Ghosh 等（1998，2000）的研究还发现，在反通货膨胀和经济增长方面，实现货币局制度都要优于实行"软"盯住汇率制度。但是 Levy-Yeyati 和 Sturzenegger（2000，2001）对战后布雷顿森林体系时期的 150 多个国家的实证研究却发现固定汇率制度和浮动汇率制度在反通货膨胀方面都优于中间汇率制度，不过固定汇率制度和浮动汇率制度两者之间并无显著的差别。这意味着，实行固定汇率制度，有可能获得轻微的、正面的控制通货膨胀的"公信力效应"，但是也可能存在反向的因果关系，即由于通货膨胀率较高以及受到实体经济的冲击，一些国家被迫放弃了盯住汇率制度，成为中间汇率制度国家。他们还发现，实行固定汇率制度的发展中国家的经济增长率较低和产出波动较高，与实行浮动汇率制度的国家相比，大概要低 1 个百分点。Obstfeld 和 Rogoff（2000）的研究发现，盯住汇率制度存在顺周期调节效应，具体而言，在黏性工资的条件下，当生产率冲击产生时，盯住汇率制度将不允许实际工资发生调节，从而阻止产出的调节，而Petreski（2009）的研究认为经济增长与汇率制度无关。Moreno（2000）研究了东亚国家的汇率制度与宏观经济之间的关系，发现盯住汇率制度的公信力和宏观纪律的好处在东亚国家中表现并不明显，尤其是当剔除了在实行盯住汇率制度以前的一段危机时期之后，浮动汇率制度下的通货膨胀反而比盯住汇率制度的情形要来得好。

二、金融稳定性标准

Eichengreen和Hausman（1999）从理论上研究了汇率制度和金融脆弱性、金融危机之间的关系。具体而言，Eichengreen和Hausman（1999）分析了关于汇率制度和金融脆弱性的三种假说："道德风险假说"，即认为盯住汇率制度为投资者提供了隐性的汇率风险对冲，因此在一定程度上鼓励了无限制的借贷。"原罪假说"，所谓的原罪是指这样的一种情况，当一国的货币不能用于国际借贷，甚至在本国市场上也不能用本币进行长期借贷时，由于金融市场的不完全性，一国的国内投资若不出现货币错配，那么将出现期限错配，此时企业将面临一种尴尬的选择，即要么借入美元从而引致货币错配，或者将短期贷款资金用于长期投资，从而出现期限错配，这样的直接后果是，导致一国金融体系变得脆弱，而在汇率政策方面体现为两点：一是无论企业或是政府都不愿汇率变动，更不愿贬值，久而久之，汇率便会变得浮动不起来；二是政府的汇率政策会陷入"两难"境地，即当投机发生时，政府无法用货币贬值来缓解压力，也不能用提高利率来保卫本国货币，最终导致金融体系崩溃。"信誉问题假说"，在浮动汇率制度下，货币当局有更多的空间或自由度去支持有问题的金融机构，而在固定汇率制度下，受制于汇率的盯住，货币当局难以通过主动式的通货膨胀来降低本国对外债务以此拯救本国金融体系，但是国际借贷者依然认为，为了援助本国金融机构，货币当局存在着违背盯住汇率信诺的激励，因此在借贷过程中要求相应的风险补偿，从而提高了借贷利率，加剧了本国金融体系的脆弱性。Eichengreen和Hausman（1999）对存在原罪问题的新兴发展国家提出了美元化和深化国内证券市场的政策建议。Hausmann等（1999）试图评价拉美国家的各种汇率制度是否表现出如理论所言的优点,他们具体地实证检验了浮动汇率制度下是否存在着更好的逆周期管理,是否存在更多的货币政策独立性,是否更好地控制汇率的波动。研究发现,浮动汇率制度使货币政策更为稳定,但是存在着更明显的逆周期特征,导致更高利率和更小的金融系统,使国内利率对国际冲击更加敏感。Chang 和 Velasco(2000)的研究认为,如果金融体系出现流动性不足,那么盯住汇率制度很可能会引起金融恐慌。Domac 和 Peria(2000)的实证研究发现,在控制了宏观经济和外部因素之后,固定汇率制度减少了发展中国家发生银行业危机的可能性,但是一旦发生银行业危机,实行较僵硬汇率制度的国家要承担较高的危机成本,不过没有发现银行业危机的持续时间与汇率制度弹性大小是否有关。在货币危机方面,Rogoff 等(2004)、Husain 等(2005)、Haile 和 Pozo(2006)等研究认为在管理浮动汇率制度下发生货币危机的概率最高。基于更长样本期间的研究,Esaka(2010)认为实行爬行盯住汇率制度且维持资本账户开放,显著地降低了货币危机发生的可能性。

三、货币政策独立性标准

关于货币政策独立性和汇率波动区间的关系,最为著名的理论为克鲁格曼的"三元悖论"。该理论认为一国不能兼得完全的固定汇率制度、完全的资本自由流动和完全的货币政策独立这三个目标,只能在三者之间取折中平衡。虽然"三元悖论"受到不少学者的质疑(Frankel,2001;Hausmann et al.,1999;Calvo & Reinhart,2000,2002;Forssback & Oxelheim,2006),但是却为我们提供了关于货币政策独立性和汇率波动区间的关系的分析思路。"三元悖论"提醒我们,在资本自由流动的情况下,为了获取一定的货币政策独立性,需要牺牲一定的汇率稳定性(Frankel,1999)。

在"三元悖论"正式提出之前,诸多学者对不同汇率制度与货币政策自主性的关系进行了大量研究。在固定汇率制度方面,Fry 等(1988)、Kwack(1994)、Stockman 和 Ohanian(1993)、Svensson(1994)等利用回归分析方法或主成分分析方法研究了固定汇率制度下,当资本完全自由流动时一国货币供给的自主性,结果表明在此情况下该国丧失了货币政策的独立性;Akikina 和 Al-Hoshan(2003)利用修正的国际收支货币分析法研究了 1960 年至 1994 年间沙特阿拉伯的货币政策独立性，研究结果显示在固定汇率制度以及资本完全自由流动的情况下，货币政策独立性较弱。在浮动汇率制度方面，Mussa（1979）、Branson（1983）、Swaboda（1983）、Oskooee 和 Milani（1988）、Oskooee 和 Pourheydarian（1990）、Milani（1998）等建立了包含汇率因素的货币需求方程或货币分析模型进行了相关的研究，研究结果显示，在浮动汇率制度下货币政策独立性能够得到保证，但是独立性程度受到国内外贸易联系、汇率弹性等其他因素的影响。

自从"三元悖论"提出之后，学者们把研究焦点放在检验"三元悖论"的成立与否。Frankel 等（2001）首先提出了质疑，他们在理论上认为，可信的汇率目标区依然允许一定程度的货币政策独立性，在实证上，他们基于 1970 年至 1999 年间数十个国家的面板数据，比较了盯住汇率制度和非盯住汇率制度下货币政策的独立性，发现盯住汇率制度并不一定导致货币政策独立性的削弱。进而，Fratzscher（2002）采用动态广义自回归条件异方差模型和误差修正模型，实证研究了 12 个新兴国家和 16 个发达国家的汇率制度与货币政策独立性之间的关系，发现不同弹性的汇率制度与货币政策自主性之间并没有系统性的联系。Forssback 和 Oxelheim（2006）对 1980 年至 1990 年间欧洲 11 个小型开放经济国家的研究也发现，固定汇率制度与浮动汇率制度下的货币政策独立性不存在明显的差异。而 Chang 和 Jong（2002）实证检验了 1997 年亚洲金融危机之后东亚国家在汇率制度安排的改变是否影响了货币政策独立性的变化，却发现东亚国家汇率的浮动为货币政策独立性创造了一定空间。Shambaugh（2004）对布雷顿森林体系崩溃之后的 17 年间的 155 个国家进行了实证研究，证实了非盯住汇率制度下的货币政策独立性更强。Obstfeld 等（2005）大大扩展了研究样本期间，涵盖金本位制（1870~1913 年）、布雷顿森林体系（1959~1973 年）、后布雷顿森林体系（1974 年至今）三个不同阶段，研究发现政策制定者倾向于选择"不可能三角"中的两者，同时也证实了汇率弹性的加大有助于增强货币政策的独立性，从而证明了将"三元悖论"作为政策分析框架的合理性。Veyrune（2007）的研究发现，采用相同汇率制度的法元区和东加勒比海货币联盟在货币政策独立性的显著差异主要源于资本管制程度的不同。胡再勇（2010）实证研究了 2005 年人民币汇率制度改革前后我国的汇率制度弹性、资本流动性和货币政策自主性的系统变化情况，发现汇改之后，我国汇率制度弹性增强，资本流动性减弱，利率政策自主性增强，但货币数量政策由汇改前的具有自主性变为缺乏自主性。

四、居民福利标准

Helpman 和 Razin（1979）认为，比较不同汇率制度优劣的分析框架至少要包括两个方面：实际经济体的总资源约束应该独立于汇率制度和所有的需求函数应该从跨期效用函数最大化中推导得到。而这些效用函数本身可以用来进行福利的比较，从而指出了汇率制度选择的一个重要方向，即在现实的经济资源约束条件下，建立代表性经济人的跨期效用函数，利用动态最优化方法来分析汇率制度的福利属性。在 Helpman 和 Razin（1979）的基础上，Helpman（1981）根据居民福利标准评价了三种不同的汇率制度安排。他假定经济个体的福利水平取决于消费水平，模型中的效用函数完全取决于经济个体对国内外产品的消费水平。随后，Helpman 和 Razin（1982）、Aizenman 和 Hausmann（2001）进一步引入金融市场的不完全性，在不确定的环境中分别用微观福利标准和社会福利标准评价了不同汇率制度的优劣，研究发现市场的不完全性将会影响汇率制度的福利属性和最优的汇率制度安排。进入 20 世纪 90 年代，Obstfeld 和 Rogoff（1995）开创了新开放宏观经济学（NOEM），使得对汇率制度的福利分析成为可能。基于 NOEM 的分析框架以及价格黏性假定，Devereux 和 Engel（1998，1999）以期望效用最大化为福利评价标准，系统地分析了汇率制度选择对经济系统各个方面的影响。研究结果显示，不同汇率制度将会对经济产生不同的效果，不仅会影响产出和消费的波动性，甚至还会影响产出和消费的平均值，另外，汇率制度的优劣和定价的模式高度相关，如果是市场定价，那么浮动汇率更优；如果是生产者定价，那么结论则不确定，而且消费者的风险厌恶程度对汇率制度的选择存在影响，他们指出，消费者越厌恶风险，则越倾向于选择固定汇率制度，无论是生产者定价，还是当地市场定价，该结论都成立。Aizenman 和 Hausmann（2000）采用比较静态分析方法，研究资本流动性与最优汇率制度选择之间的关系。他们假定在新兴市场经济国家中，国内资本市场与国际资本市场相互分割，国内企业依靠贷款满足所需的资本，最终发现国内资本市场与国际资本市场一体化程度越低，固定汇率制度越有利于增加本国居民福利。秦宛顺等（2003）基于新开放宏观经济学的框架进行了相似的研究，他们研究发现，在资本完全自由流动的情况下，固定汇率制度下消费的变动幅度大于浮动汇率制度下消费变动的幅度，因此固定汇率制度不如浮动汇率制度；在资本管制的情形下，对于中国这样占全球经济的比例较小的国家，从期望消费水平来看，固定汇率制度依然优于浮动汇率制度，但是从期望效用的角度来看，当资本自由流动时，浮动汇率制度要优于固定汇率制度。姚斌（2007）基于NOEM的分析框架，以居民的福利最大化为评判准则，利用从1985年至2005年间的我国经济数据对人民币汇率制度进行了实证和仿真分析，研究认为，根据国际实际需求和国际价格指数不断上升的现状和趋势，为了进一步增进我国居民的福利水平，我国应该继续扩大人民币汇率的浮动程度。

五、评论

从以上文献我们可以发现，既有研究主要是关注汇率波动区间的"两极"之争，不重视对"中间"区域的研究。即使 Ghosh 等（1998，2000）、Levy-Yeyati 和 Sturzenegger（2000，2001）等的研究涉及了中间汇率制度的分析，但还只是基于国家面板数据的比较实证研究。同黄志刚等（2010）一样，笔者认为，这可能是受到 Eichengreen（1994，1998）等的"中间汇率制度消失论"的影响。"中间汇率制度消失论"认为国际资本流动性的日益增长将会使政府对汇率的公信力变得十分脆弱，由此在资本高度流动的情况下，中间汇率制度将变得不可行，逐步消失。然而，现实并非如此。根据 Reinhart 和 Rogoff（2004）的统计，自布雷顿森林体系崩溃以来，中间汇率制度是最主要的汇率制度，所占比例一直在一半左右。显然仅从政府公信力的角度来看，这一现象是难以解释的，亟待其他的解释视角。

可见对汇率波动区间的"中间"区域的研究有待进一步深入。更为重要的是，该方面的研究具有实践指导意义：对于已经选择中间汇率制度的国家来说，比如当前实行管理浮动汇率制度的我国，更为关心的问题是：在非"两极"的"中间"区域中，如何根据各国的经济状况选择汇率的合意波动区间。而这一问题在重点关注"两极"之争或"中间与两极"之争的既有文献中是难以找到答案的，亟须经济学者们进一步研究。

鉴于此，本章聚焦于上述的宏观经济稳定性标准，关注汇率波动区间与汇率失调、宏观经济失衡之间的关系，从理论上研究中间汇率制度下的汇率合意波动区间。本章在理论上发现了汇率波动区间"中间陷阱"的存在，并给出了"中间陷阱"的具体范围。在实践应用上，本章还提出了"中间陷阱"的实证检验思想及方法。本部分的研究不仅从宏观经济稳定性的角度解释了"中间汇率制度消失论"在现实中不成立的原因，还为实行中间汇率制度的国家的经济实践提供了政策启示。另外，本章关于人民币汇率波动区间的实证研究为人民币汇率政策选择和汇率制度改革的进一步方向提供了参考依据。

第二节 汇率波动区间"中间陷阱"的发现

一、交易者行为的异质性假定

交易者异质性是汇率浮动后外汇市场的典型事实。Frankel 和 Froot（1990）、Ito（1990）、Takagi（1991）、Allan 和 Taylor（1992）、MacDonald 和 Marsh（1996）、Bénassy-Quéré 等（2003）、Dreger 和 Stadtmann（2008）等基于问卷调查所做的实证研究发现，外汇市场中存在着持有推断预期特征的交易者或称技术分析者（Chartist）和持有回归预期特征的交易者或称基本面分析者（Fundamentalist）。技术分析者预期汇率延续原有的变动趋势，而基本面分析者预期汇率将回归到基本面汇率水平。这一现象的发现开辟了汇率决定理论研究的新视角：基于行为金融学的视角，研究外汇市场交易者的异质性行为特征、相互作用和交互式的学习过程，由此来解释汇率的决定与变动。

研究表明，Neuberg（2004）、De Grauwe 和 Grimaldi（2005）、Manzan 和 Westerhoff（2007）、Bauer（2007）等所建立的基于行为金融视角下的汇率决定理论模型，引入了符合经验事实的交易者异质性假定，立足于外汇市场异质性交易者的市场行为，从而很好地解释了布雷顿森林体系崩溃后所出现的外汇"异象"（如汇率脱离经济基本面的"无关性之谜"；汇率的波动聚集效应；汇率收益率分布的厚尾现象以及外汇市场上技术分析者的盈利性问题等），并且在样本外的预测方面明显优于其他汇率决定理论。

在我国，李晓峰等（2010）也发现汇改后人民币外汇市场上的交易者存在异质性。在前文中，笔者基于行为金融框架实证估计了汇改后人民币外汇市场中的交易者在各个时期的比例变化。因此本章同样引入交易者异质性的这一重要经济假定。

基本面分析者的预期：

$$E_{f,t}(e_{t+1}) = e_{t-1} + \alpha(\bar{e}_{t-1} - e_{t-1}) \tag{6-1}$$

技术分析者的预期：

$$E_{c,t}(e_{t+1}) = e_{t-1} + \beta \dot{e}_{t-1} \tag{6-2}$$

其中，e_t 为现实汇率，以直接标价法表示，$\bar{e}_t$ 为均衡汇率或称基本面汇率，$\dot{e}_t$ 为现实汇率的变动值，$\alpha > 0$，$\beta > 0$。上述两式的经济含义是：基本面分析者采用回归预期方式，预期汇率将会回归到基本面汇率水平；技术分析者采用推断预期方式，根据汇率变动的原有趋势预测汇率走势。由于技术分析者经常表现出"追涨杀跌"的行为特征，破坏汇率的稳定，因此被视为外汇市场的投机者。

我们根据两类交易者在外汇市场的比重对他们的预期进行加权，来表示外汇市场交易者对汇率变动值的总体预期 x。省略时期 t，x 如式（6-3）所示：

$$x = w_1 \beta \dot{e} + (1 - w_1)\alpha(\bar{e} - e) \tag{6-3}$$

其中，w_1 为技术分析者在外汇市场中的比重。根据附录3式（A1），式（6-3）可进一步表示为：

$$x = [\alpha - w_1(\alpha + \beta)](\bar{e} - e) \tag{6-4}$$

二、宏观模型

1. 国际资产市场均衡

国际资产市场均衡的条件为非套补利率平价成立：

$$i - i^* = x \tag{6-5}$$

其中，i 和 i^* 分别为国内外利率（对数形式）。结合式（6-4），易得式（6-6）：

$$i - i^* = [\alpha - w_1(\alpha + \beta)](\bar{e} - e) \tag{6-6}$$

2. 国内货币市场均衡

假定货币需求函数为：

$$m^d = -\lambda i + \phi y + p \tag{6-7}$$

其中，m^d、i、y、p 分别代表名义货币需求、国内利率、国民收入和价格的对数形式。系数 $\lambda > 0$，$\phi > 0$，p 的系数单位化为 1。式（6-7）表示，名义货币需求与利率负相关，与国民收入正相关，与价格正相关。

货币供给函数为：

$$m^s = m_d + m_f \tag{6-8}$$

不考虑货币乘数，一国货币供给来源于两方面：因国内信贷而引起的货币供给 m_d 和来自于央行干预所带来的外汇占款的货币供给 m_f。假定央行的外汇干预目标是维持汇率的基本稳定，m_f 可表示为关于央行对汇率变动值的反应函数：$m_f = -\psi \dot{e} = -\lambda\gamma\dot{e}$。为了后文分析的方便，反应系数 ψ 表示为 λ 与 γ 的乘积。系数 ψ 具有丰富的经济含义，不仅反映了央行干预程度的大小，也度量了一国汇率的波动区间安排。

从理论上来说，可根据汇率的现实波动程度来区分一国的汇率波动区间安排，也可根据央行对汇率变动的干预程度予以判断。但是相较而言，根据央行对汇率变动所采取的干预程度的大小来区分的做法更为合理。这是因为根据汇率的现实波动程度来区分汇率波动区间安排，可能会出现谬误。比如说一国汇率表现出稳定的特征，可能是因为较强程度的央行干预，也可能是因为没有受到任何经济冲击；反过来，一国汇率波动剧烈，也有可能不是因为央行干预较弱，而是因为在强烈的外部冲击下，再强的央行干预也"无可奈何"。因此区分汇率波动区间安排的合理依据应是央行干预程度的大小。鉴于此，采用央行干预反应系数 ψ 来度量一国汇率的波动区间安排。具体而言，当 $\psi = 0$ 时，央行不干预外汇市场，汇率完全浮动，当 $0 < \psi < \infty$ 时，汇率制度为有管理的浮动汇率制度，ψ 越小，汇率的浮动区间越大，反之 ψ 越大，汇率的浮动区间越小。

根据式（6-7）和式（6-8），可以得到国内货币市场均衡的条件：

$$-\lambda i + \phi y = m_d + m_f - p = m_d - \lambda\gamma\dot{e} - p \tag{6-9}$$

进一步地，根据附录 3 式（A1），式（6-9）可表示为：

$$-\lambda i + \phi y = m_d + \lambda\gamma(\bar{e} - e) - p \tag{6-10}$$

第六章 行为金融视角下的汇率最优波动区间研究：基于宏观经济稳定性的标准

当整个经济体处于均衡状态时，$e = \bar{e}$，$\dot{e} = 0$（汇率稳定），$x = 0$，$y = \bar{y}$（$\bar{y}$ 为均衡状态的产出，假定为经济体的潜在产出）。根据式（6-4）、式（6-5）和式（6-10），可得：

$$-\lambda i^* + \phi \bar{y} = m_d - \bar{p} \tag{6-11}$$

将式（6-11）减去式（6-10）可得：

$$\lambda x = p - \bar{p} - \lambda \gamma (\bar{e} - e) + \phi (y - \bar{y}) \tag{6-12}$$

令 $\theta = \alpha - w_1(\alpha + \beta) + \gamma = \alpha - w_1(\alpha + \beta) + \dfrac{\psi}{\lambda}$ (6-13)

那么式（6-12）可表示为：

$$\lambda \theta (\bar{e} - e) = p - \bar{p} + \phi (y - \bar{y}) \tag{6-14}$$

3. 国内商品市场均衡

同 Dornbusch（1979）一样，为了分析的简洁性，我们不考虑由国内利率决定的投资性需求。一国国内商品的需求 y^d 包括以下部分（指标均以对数形式表示）：国内居民的消费需求，与国民收入正相关，表示为 ry；国外居民的消费需求，与实际有效汇率 $e - p$（为了分析的方便，假定国外价格为单位1）正相关，表示为 $\delta(e - p)$；政府支出，表示为 u。那么：

$$y^d = u + \delta(e - p) + ry \tag{6-15}$$

国内商品市场均衡的条件为菲利普斯曲线成立：

$$\dot{p} = \pi(y^d - \bar{y}) \tag{6-16}$$

那么当整个经济体处于均衡状态时，$y = \bar{y}$，$e = \bar{e}$，$p = \bar{p}$，代入式（6-15）式，得到：

$$\bar{y} = u + \delta(\bar{e} - \bar{p}) + r\bar{y} \tag{6-17}$$

将式（6-17）减去式（6-15），可得到：

$$(1 - r)(y - \bar{y}) = -\delta(\bar{e} - e) + \delta(\bar{p} - p) \tag{6-18}$$

进一步地，根据式（6-14），可推出：

$$\bar{e} - e = \frac{1 - \phi \mu \delta}{\lambda \theta + \phi \mu \delta}(p - \bar{p}), \text{ 其中 } \mu = \frac{1}{1 - r} \tag{6-19}$$

资产市场的调整要快于商品市场，在商品市场还没来得及调整的情况下，资产市场就已经开始调整。因此当国内价格 p 上升，对汇率的主要影响是：引起国内实际货币供给减少，国内利率提高，国外资本流入，从而导致本币升值，外币贬值，即 e 减小。① 因此，我们令 $1 - \phi\mu\delta > 0$。②

结合式（6-14）和式（6-19），可得到：

$$\frac{-\lambda\theta\mu\delta - \mu\delta}{\lambda\theta + \phi\mu\delta}(p - \bar{p}) = (y - \bar{y}) \quad (6\text{-}20)$$

进而，将式（6-20）代入式（6-16），可得到：

$$\dot{p} = -\pi\mu\delta \times \frac{\lambda\theta + 1}{\lambda\theta + \phi\mu\delta} \times (p - \bar{p}) \quad (6\text{-}21)$$

由此我们从价格变动的角度得到了经济体向均衡状态的调整系数 v：

$$v = \pi\mu\delta \times \frac{\lambda\theta + 1}{\lambda\theta + \phi\mu\delta} \quad (6\text{-}22)$$

三、"中间陷阱"的存在与经济学解释

图 6-1 描绘了 v、θ 和 w_1 之间的关系。其中 v(θ) 曲线反映了 v 和 θ 之间的关系，直线 l_i 反映了在不同汇率波动区间 ψ_i 的情形下，θ 和 w_1 之间的关系。从 v(θ) 曲线我们可以发现，存在着两个区域：

第一，"稳定"区域：当 $\theta < \frac{-1}{\lambda}$ 或 $\theta > \frac{-\phi\mu\delta}{\lambda}$ 时，v > 0，经济体向均衡状态回归，此时汇率波动区间 ψ 的范围是 $[0, w_1(\alpha + \beta)\lambda - \alpha\lambda - 1]$ 或 $(w_1(\alpha + \beta)\lambda - \alpha\lambda - \phi\mu\delta, +\infty)$。

第二，"不稳定"区域：当 $\frac{-1}{\lambda} < \theta < \frac{-\phi\mu\delta}{\lambda}$ 时，v < 0，经济体偏离均衡状态，此时汇率波动区间 ψ 的范围是 $(w_1(\alpha + \beta)\lambda - \alpha\lambda - 1, w_1(\alpha + \beta)\lambda - \alpha\lambda - \phi\mu\delta)$，处于两个"稳定"区域之间。我们将这一"不稳定"区域称为汇率波动区间的"中间陷阱"。

为了进一步理解汇率波动区间的"中间陷阱"给经济体带来的"不稳定"性，我们探讨在上述不同区域下经济产出 y 和汇率 e 对外部经济冲击会产生怎样的反应。首先可以证明，存在以下命题（证明请见附录3）：

---

① 购买力平价在长期成立，体现为式（6-17）。
② 当外汇市场不存在技术分析者，只存在基本面分析者，且不存在央行干预时，即当 $w_1 = 0$，$\gamma = 0$ 时，式（6-19）即退化为 Dornbusch（1979）的情形。$1 - \phi\mu\delta > 0$ 保证了在该情形下式（6-19）与 Dornbusch（1979）的结论一致。

第六章　行为金融视角下的汇率最优波动区间研究：基于宏观经济稳定性的标准

$$\frac{dy}{dz} = \frac{v}{\pi} = \mu\delta(\frac{de}{dz}) = \mu\delta[\frac{d\bar{e}}{dz} + (\frac{de}{dz} - \frac{d\bar{e}}{dz})] \tag{6-23}$$

其中，$\frac{d\bar{e}}{dz} = 1$，$\frac{de}{dz} - \frac{d\bar{e}}{dz} = \frac{1-\phi\mu\delta}{\lambda\theta+\phi\mu\delta}$，$z = m + \lambda i^*$。

该命题的结论表明，面对外部经济冲击 dz，经济产出 y 的反应与汇率 e 的反应成比例，也就是说，汇率失调与宏观经济失衡一致，因此我们仅分析汇率 e 对经济冲击 dz 的反应即可。$\frac{d\bar{e}}{dz} = 1$，表明一单位的正向经济冲击 dz 将会使均衡汇率 $\bar{e}$ 上升一个单位，这意味着汇率 e 应该上升，这样才能回到均衡汇率，否则将会发生汇率失调和宏观经济失衡。那么汇率 e 的实际变动值 $\frac{de}{dz}$ 为怎样的形式呢？命题的结论表明，$\frac{de}{dz}$ 可分为两个部分：一是与均衡汇率 $\bar{e}$ 的变化有关的部分即 $\frac{d\bar{e}}{dz}$，由于该部分与均衡汇率 $\bar{e}$ 的变动方向一致，因此我们可将其视为经济体的"自我调节"效应；二是与均衡汇率 $\bar{e}$ 的变化无关的部分即 $\frac{de}{dz} - \frac{d\bar{e}}{dz} = \frac{1-\phi\mu\delta}{\lambda\theta+\phi\mu\delta}$，该部分与由外汇市场中技术分析者的比例 w_1 和汇率波动区间 ψ 等外汇市场因素决定的 θ 有关（假定其他经济结构参数不变），我们称之为经济体的"市场"效应。以上两个效应共同决定了是否会发生汇率失调和宏观经济失衡。

接着我们进行情景分析。假如一国的汇率波动区间从"零"波动区间开始逐步扩大（ψ 值和 θ 值变小），即图 6-1 中的直线 l_1 向 l_4 的方向移动，我们可以发现，当 $\psi = \psi_1 > w_1(\alpha+\beta)\lambda - \alpha\lambda - \phi\mu\delta$ 时，$\theta > \frac{-\phi\mu\delta}{\lambda}$，此时经济体的"市场"效应 $\frac{1-\phi\mu\delta}{\lambda\theta+\phi\mu\delta}$ 为正，与经济体的"自我调节"效应 $\frac{d\bar{e}}{dz}$ 的方向一致，从而总体效应是导致经济体向均衡状态回归，反映在调整系数 v 上，即 v > 0。当 ψ 继续变小，且小于 $(w_1(\alpha+\beta)\lambda - \alpha\lambda - \phi\mu\delta)$ 时，$\theta < \frac{-\phi\mu\delta}{\lambda} < 0$，经济体的"市场"效应 $\frac{1-\phi\mu\delta}{\lambda\theta+\phi\mu\delta}$ 为负，与经济体的"自我调节"效应 $\frac{d\bar{e}}{dz}$ 的方向相反。式（6-13）表明，θ 与技术分析者的预期系数 β

负相关，与央行干预强度 ψ 正相关，因此 ψ 值变小，可视为"打击"外汇市场投机势力的力量减小了，从而使投机势力对汇率走势发挥主要作用，导致 θ<0，当达到一定程度时即 $\theta<\frac{-\phi\mu\delta}{\lambda}$，经济体的"市场"效应为负，最终产生汇率失调和宏观经济失衡，反映在调整系数 v 上，为 v<0，此时 ψ 处于汇率波动区间的"中间陷阱"。另外，ψ 值减小，θ 值减小，将会使 $\left|\frac{1}{\lambda\theta+\phi\mu\delta}\right|$ 减小，也就是说，汇率波动区间的扩大有助于降低经济冲击对经济体的"市场"效应的影响程度，因此当 ψ 值进一步减小，超越临界值 $(w_1(\alpha+\beta)\lambda-\alpha\lambda-1)$ 时，外汇市场的投机势力所导致的"市场"效应将会被经济体的"自我调节"效应抵消（数学表达式为 $\frac{1-\phi\mu\delta}{\lambda\theta+\phi\mu\delta}+1>0$），从而跨越汇率波动区间的"中间陷阱"，进入经济体将会向均衡状态回归的"稳定区域"。

汇率波动区间的"中间陷阱"的宽度为 $(1-\phi\mu\delta)$，与货币需求对收入的敏感性 ϕ、商品需求对实际汇率的敏感性 δ 和商品需求对收入的敏感性 r 等经济结构参数有关。可见汇率的合意波动区间取决于各国的经济情况，并没有哪一种区间安排对所有国家来说是最优的，而且对于特定国家来说，以上敏感性参数可能是时变的，因此也没有哪一种区间安排对特定国家来说在时间上是最优的。另外，根据上述参数的可能取值，"中间陷阱"的宽度是"有限"的，不可能出现"无限"的情形，这意味着从宏观经济稳定性的角度来看，虽然中间汇率制度存在着某个"不稳定"的"中间陷阱"区域，但是"中间陷阱"的存在并不能使中间汇率制度完全消失，中间汇率制度在"中间陷阱"之外的区域依然可行。由此我们的发现为"中间汇率制度消失论"在现实中的不成立提供了另外一种解释。

从具体范围来看，汇率波动区间的"中间陷阱"不仅与上述经济结构参数有关，还与外汇市场中的投机势力即技术分析者的比例有关，这意味着一国对汇率波动区间的安排不应是"一成不变"的，而是应该根据外汇市场中的投机状况进行相应的调整。具体而言，当投机势力比重越高时，汇率的波动区间应该越窄。

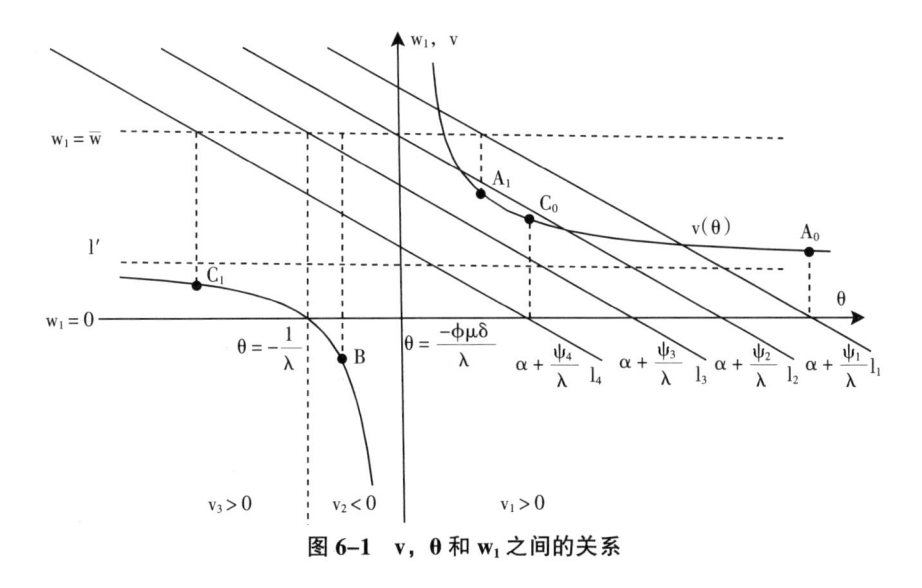

第六章　行为金融视角下的汇率最优波动区间研究：基于宏观经济稳定性的标准

图 6-1　v，θ 和 w_1 之间的关系

第三节　实证检验思想及方法

如何在现实中识别或检验在某一外汇市场投机者比例下的一国现行汇率波动区间的"中间陷阱"？这是具有实践指导价值的问题。在此给出"中间陷阱"的实证检验思想及方法。

假定外汇市场投机者的比例 $w_1 = \bar{w} > 0$。关注图 6-1，我们可以发现，当汇率波动区间 γ 处于"中间陷阱"时，$w_1 = \bar{w}$ 的调整系数 v<0，见图 6-1 中 B 点。反映在直线 l_i 上，"中间陷阱"即为 l_2 和 l_3 之间。在"中间陷阱"的右边（见直线 l_1），$w_1 = \bar{w}$ 的调整系数 v>0，体现为曲线上的 A_1 点，而 $w_1 = 0$ 的调整系数 v>0，体现为曲线上的 A_0 点。比较 A_1 和 A_0 点，我们可以发现，$w_1 = \bar{w}$ 的调整系数 v 大于 $w_1 = 0$ 的调整系数 v。在"中间陷阱"的左边（见直线 l_4），$w_1 = \bar{w}$ 的调整系数 v 体现为曲线上的 C_1 点，$w_1 = 0$ 的调整系数 v 体现为曲线上的 C_0 点，根据 C_1 和 C_0 点的位置（分别在曲线的渐进线 l' 的上方和下方），我们可以发现，$w_1 = \bar{w}$ 的调整系数 v 小于 $w_1 = 0$

的调整系数 v。因此根据上述性质，我们可以通过以下实证设计来进行对"中间陷阱"的实证检验。

第一，实证估计一国外汇市场中异质性交易者的各自比例。

第二，根据技术分析者的比例情况设置虚拟变量 d：当 $w_1 = \bar{w}$ 时，d = 1；当 $w_1 = 0$[①] 时，d = 0。

第三，采用格兰杰的"两步法"协整估计思想：

$$p = c_1 + a_1 m + a_2 e + a_3 y + \varepsilon \tag{6-24}$$

$$\bar{p} = \hat{c}_1 + \hat{a}_1 \bar{m} + \hat{a}_2 \bar{e} + \hat{a}_3 \bar{y} \tag{6-25}$$

$$\Delta p = c_2 + b_1(p - \bar{p}) + b_2 d(p - \bar{p}) + u \tag{6-26}$$

其中，式（6-25）中带横线的变量为利用 HP 滤波得到的各变量的长期趋势值。结合式（6-24）的参数估计值，我们可以通过式（6-25）计算得到根据 p 的长期趋势值 $\bar{p}$。根据参数 b_1 和 b_2 的估计结果，我们即可以判断一国汇率的波动区间处于"中间陷阱"的中间、左边或右边。

当 $b_1 + b_2 > 0$ 时，意味着 $w_1 = \bar{w}$ 的调整系数 $v < 0$，此时汇率波动区间处于"中间陷阱"。

当 $b_1 + b_2 < 0$，且 $b_2 > 0$ 时，意味着 $w_1 = \bar{w}$ 的调整系数 $v > 0$，且大于 $w_1 = 0$ 的调整系数 v，那么汇率波动区间处于"中间陷阱"的右边。

当 $b_1 + b_2 < 0$，且 $b_2 < 0$ 时，意味着 $w_1 = \bar{w}$ 的调整系数 $v > 0$，且小于 $w_1 = 0$ 的调整系数 v，那么汇率波动区间处于"中间陷阱"的左边。

---

① 如果不存在 $w_1 = 0$ 的情形，那么本书所提的检验方法不能适用。对于此情形，我们可采用参数估计方法，即估计出本书所给出的"中间陷阱"的确切范围的各参数值，以及央行干预的反应参数，但较为复杂，且参数估计值依赖于各种估计模型和方法，所以一直以来学者们对结构模型参数的实证估计结果持着比较审慎的态度。当存在 $w_1 = 0$ 的情形时，本书的检验方法更为简洁和易用。

第四节 有关人民币汇率波动区间的实证研究

一、人民币外汇市场异质性交易者的比例变化

对于人民币外汇市场异质性交易者的比例,采用在第三章提出的基于行为金融框架的估计方法,并提出如下假设:

假设1:交易者具有异质性,且采用简单的交易规则。

假设2:个体不具有完美的认知能力,在 t 期仅能掌握 t−1 期之前的信息,且不具有完美的记忆能力。

假设3:交易者对预期规则的选择是通过试错式机制而进行的,具体而言,通过比较各预期规则所获得的事后盈利性,来决定对下期规则的选择。如果选择其中某一种预期规则能给他们带来更多的效用,那么他们将会选择这种预期规则。

假设4:交易者的效用取决于资产的收益和风险。

假设5:由于我国资本账户项目未开放,假定投资者仅能获得持有货币本身的无风险收益,即仅关注国际投资的汇率风险。

基于以上假设,我们可以得到汇率决定的一般方程:

$$s_t = \left(\frac{1+r_t^*}{1+r_t}\right) \frac{1}{\sum_{i=1}^{2} \frac{\omega_{i,t}}{\mu_i(1+r_t^*)\upsilon_{i,t}(s_{t+1})}} \times$$

$$\left(\sum_{i=1}^{2} \frac{E_{i,t}(s_{t+1})\omega_{i,t}}{\mu_i(1+r_t^*)\upsilon_{i,t}(s_{t+1})} - \gamma_1 \times V_t - \gamma_2 \times C_t\right) \tag{6-27}$$

其中,$\omega_{i,t}$ 为异质性交易者的各自比重(其他变量说明及理论推导,可参见第三章)。利用 Unscented 卡尔曼滤波方法,我们可测算出 $\omega_{i,t}$ 的值,结果见图 3-6 和图 3-7。

二、"中间陷阱"的实证检验

依据前文的实证检验思想，我们根据技术分析者比例的估计结果设置虚拟变量 d。从图 3-7 可以看出，技术分析者的比例要么接近于 1，要么接近于 0，因此当 $w_1=1$ 时，$d=1$，当为其他情形时，$d=0$。

对式（6-24）进行实证估计。研究样本区间为 2005 年 7 月至 2010 年 9 月，数据频度为月度，货币供应量指标 m 以广义货币供应量 M2 为代表。人民币汇率 e 是指人民币兑美元的汇率，采用直接标价法。经济产出 y 为我国 GDP 季度数据，利用 Cubic Spline 非线性插值法转化为月度数据。价格 p 以我国的 CPI 数据予以代表。以上数据均来源于 Wind 数据库。最终，对式（6-24）的残差估计值进行平稳性检验，ADF 检验的统计量值为 -3.14，相应的 P 值为 0.03，可在 5% 的显著水平上显著拒绝存在单位根的原假设，因此式（6-24）的残差估计值为平稳的。这意味着经济变量 p、m、e、y 之间存在着协整关系，相应的协整方程为：

$$p = \underset{[17.20]}{1.61^{***}} - \underset{[-2.88]}{0.0014^{***}}m - \underset{[-8.17]}{0.079^{***}}e + \underset{[3.22]}{0.0076^{***}}y \tag{6-28}$$

其中，[ ] 值为各参数估计值的 t 统计量值，*** 代表在 1% 的显著水平上显著。利用 HP 滤波提取各经济变量 m、e、y 的长期趋势值，代入式（6-28），即可计算得到 p 的长期趋势值 $\bar{p}$。接着估计式（6-26）。由于在 2008 年 10 月至 2010 年 6 月，我国为了抵御金融危机的冲击实行暂时性的汇率稳定政策，汇率波动区间几乎为 0，类似于固定汇率制度的情形，而本部分研究是以中间汇率制度为主要研究对象，因此在式（6-26）的估计中剔除了此样本区间。①我们对式（6-26）的估计结果如下：

$$\Delta p_t = \underset{[4.93]}{0.004^{***}} - \underset{[-2.06]}{0.13^{**}}(p-\bar{p})_{t-1} + \underset{[4.22]}{0.59^{***}}d(p-\bar{p})_{t-2} + u \tag{6-29}$$

其中，** 代表在 5% 的显著水平上显著。估计方法为最小二乘回归法。R^2 为 0.45，D.W 值为 2.02。误差项经过 AR（5）调整。式（6-29）的估计结果表明，当 $d=0$，即当技术分析者的比例 w_1 为 0 时，经济体的调整系数 $v=0.13>0$，符合图 6-1 所显示的特征。当 $d=1$，即当技术分析

---

① 从绝对规模来看，2007 年 5 月人民币汇率的波动区间由 0.3% 到 0.5% 的变化并不是很大，因此我们不对 2007 年 5 月前后的样本进行区分。

者的比例 w_1 为 1 时，经济体的调整系数为 v = −0.59 + 0.13 = −0.46 < 0，可见自汇改以来我国所设定的人民币汇率波动区间正处于"中间陷阱"中。具体而言，在现行的人民币汇率波动区间安排下，当以技术分析者为代表的投机势力充斥外汇市场（w_1 = 1）时，投机势力对汇率走势将会发挥主要作用，从而导致经济冲击发生时我国经济体的"市场"效应的方向与"自我调节"效应相反，且无法被经济体的"自我效应"所抵消，最终出现汇率失调和宏观经济失衡。因此依据宏观经济稳定性的标准，现行的人民币汇率波动区间并不是最优的汇率波动区间。

第五节 小 结

如何选择合意的汇率波动区间，是实行中间汇率制度的国家在政策实践上所面临的重要问题。本章根据宏观经济稳定性标准，关注汇率波动区间与汇率失调、宏观经济失衡之间的关系，从理论上研究中间汇率制度下的汇率合意波动区间。研究发现，在理论上汇率波动区间存在着我们称之为"中间陷阱"的"不稳定"区域。我们从经济冲击发生时经济体的"市场效应"和"自我调节效应"对汇率波动区间的"中间陷阱"进行了经济学的解释。我们认为，从宏观经济稳定性的评价标准来看，存在着两种汇率波动区间的选择：一是"窄区间"选择，将汇率波动区间控制在"中间陷阱"区域的下限临界值之下。即提高央行干预程度，降低汇率波动幅度，使得经济冲击发生时外汇市场投机势力无法发挥主要作用，由此经济体的"市场效应"与"自我调节效应"的方向一致，使得宏观经济体向均衡状态回归。二是"宽区间"选择，将汇率波动区间控制在"中间陷阱"区域的上限临界值之上。在此区间，虽然央行干预程度的减小和汇率波动区间的放宽使得"抑制"外汇市场投机势力的力量减小，但是有助于降低经济冲击对"市场效应"的负面影响程度，从而使其能"成功"地被"自我调节效应"所抵消，最终使宏观经济体向均衡状态回归。

研究发现，"中间陷阱"存在着有限宽度，因此从宏观经济稳定性的标准来看，中间汇率制度是可取的。另外，"中间陷阱"的具体范围与经济结构参数和外汇市场的投机者比例有关，因此没有哪一种区间安排对所有国家来说是最优的，且对于具体某一国家而言，也不存在"一成不变"的区间安排，而应该根据各国的经济状况以及外汇市场中的投机势力比重进行相应的调整。

基于本章所提出的"中间陷阱"的实证检验思想及方法，本章对现行的人民币汇率波动区间进行了实证研究。实证结果显示，现行的人民币汇率波动区间正处于"中间陷阱"之中，并不是合意的波动区间，因此为了我国宏观经济的稳定性，进一步扩大汇率波动区间，以成功跨越汇率波动区间的"中间陷阱"，是下一阶段我国汇率政策选择和汇率制度改革的方向。

第七章 行为金融视角下的汇率最优波动区间研究：基于货币政策独立性的标准

第一节 "三元悖论"

"三元悖论"描绘了开放经济条件下的国家为了实现多重目标而陷入的政策困境。根据 Obstfeld 等（2003）的观点，"三元悖论"在很大程度上可被认为是对从金本位时期以来到当前的牙买加体系时期的国际货币体系演变历程的历史经验总结和理论提炼。"三元悖论"的理论雏形可追溯于米德冲突和丁伯根法则，然后发展于 Mundell-Fleming 模型，最终由 Krugman（1998）正式提出和阐述。

一、米德冲突和丁伯根法则

20 世纪 50 年代，英国经济学家詹姆斯·米德（J.Meade）在其名著《国际收支》中最早提出了固定汇率制度下的内外均衡冲突问题。他指出，在固定汇率制度下，政府无法运用汇率政策，因此仅能依靠单一的社会总需求调节政策来实现内外均衡，在这种情形下，由于政策工具的有限，经济体将会出现内外均衡难以兼顾的局面。具体而言，米德所言及的内外均衡冲突是指在固定汇率制度下，失业增加、经常账户逆差或通货膨胀、经常账户盈余这两种特定的内外经济状况。比如在失业增加、经常账户逆差的情况下，虽然政府可以通过实行扩张性的社会总需求政策来降低失业率，但是与此同时，将会进一步恶化经常账户逆差，由此内外均衡难以同时实现。

随后，荷兰经济学家丁伯根（J.Tinbergen）提出了处理政策工具和政策目标之间关系的丁伯根法则，即要实现若干个独立的政策目标，至少需要相互独立的若干个有效政策工具。进入20世纪60年代，Mundell提出的关于政策指派的有效市场分类原罪进一步丰富了丁伯根法则。Mundell认为，每一政策目标应当指派给对这一政策目标有着最大影响力，并且在影响政策目标上有相对优势的政策工具。

显然，根据丁伯根原则和Mundell的有效市场分类原则的政策搭配思想，米德冲突的存在就是源于政策工具数量的有限：即面对内外均衡的"二元"冲突时，仅靠单一的社会总需求调节政策难以解决。可见，米德的"二元冲突"与后来的"三元悖论"存在着一定的理论传承关系。

二、Mundell-Fleming 模型

20世纪60年代，Mundell（1963）提出了著名的Mundell-Fleming模型，为研究开放经济条件下国际资本流动、汇率制度安排和货币政策独立性三者之间的关系提供了有力的分析框架，从而为"三元悖论"的正式提出奠定了理论基础。

图7-1、图7-2分别显示了"资本自由流动、固定汇率制度"和"资本自由流动、浮动汇率制度"等不同情形下的货币政策独立性状况。在资本自由流动的情况下，BP曲线为一条水平线。如果汇率制度安排为固定汇率制度，当货币当局实行扩张性货币政策时，LM曲线将由LM_0向右移动到LM_1，利率降低，导致资本外流，此时本币存在贬值压力，为了维持固定汇率制度，货币当局在外汇市场中进行央行干预，购入本币，抛售外币，于是使本国货币总供给减少，从而导致LM_1向左移动，直至回到LM_2，经济体的均衡状态未发生变化，这意味着，当一国资本自由流动且实行固定汇率制度时，其将丧失货币政策的独立性。并且，Mundell（1963）指出，即使央行采取了冲销干预，也不能同时实现汇率的稳定和货币政策的独立性。他认为，央行的冲销式干预将会使经济体陷入内在的矛盾和不确定，无法实现均衡，最终的结果只能是耗尽外汇储备，使得固定汇率制度无法维持。

如果实行浮动汇率制度，那么扩张性的货币政策将使经济均衡点由E_0

向 E_1 转变、利率下降、资本外流,引致本币对外贬值,进一步地,本币的贬值将通过马歇尔—勒纳条件改善经常账户,然后通过乘数效应扩大总需求,推动 IS 曲线由 IS_1 右移至 IS_0,使得经济均衡点由 E_1 进一步向右移动,直至 E_2 点,最终达到新的均衡。可见在浮动汇率制度和资本自由流动的情形下,货币政策不仅没有失去独立性,而且进一步扩大了政策效果。

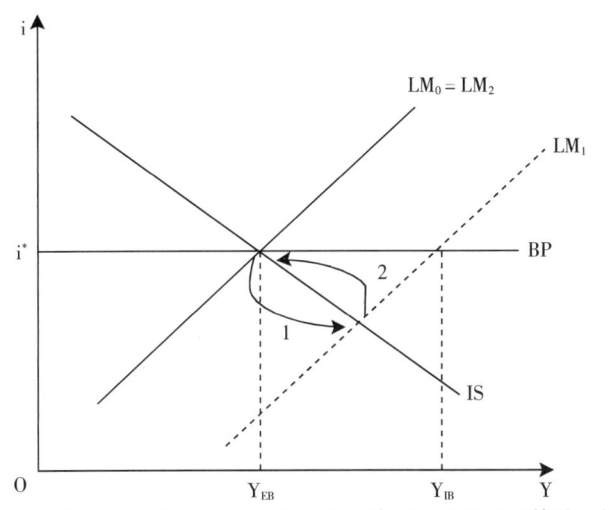

图 7–1 资本自由流动、固定汇率制度情形下的货币政策独立性

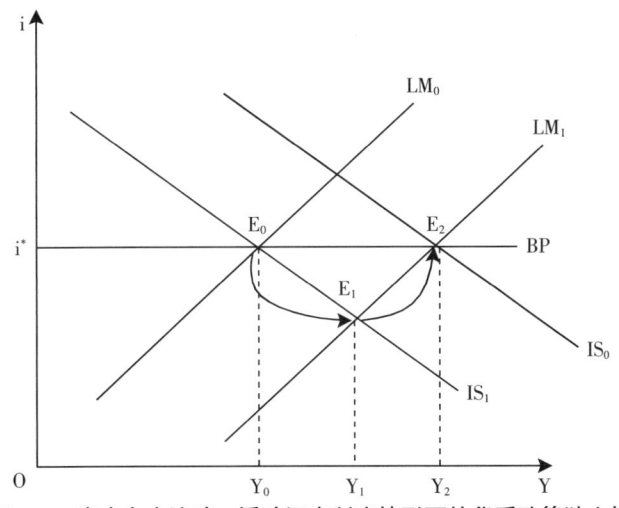

图 7–2 资本自由流动、浮动汇率制度情形下的货币政策独立性

三、"三元悖论"的正式提出

在亚洲金融危机发生以后，Krugman（1998）认为在资本自由流动的情况下固定汇率制度是亚洲金融危机爆发的原因，并首次明确地提出"三元悖论"原则，随后，Krugman（1999）在其专著《萧条经济学的回归》中对"三元悖论"进行了详细的阐述。他指出，在汇率稳定、货币政策独立性、资本自由流动三者之间只能选择其中两种，不能三者兼顾。"三元悖论"的政策组合选择可以用图7-3的"不可能三角"予以体现。

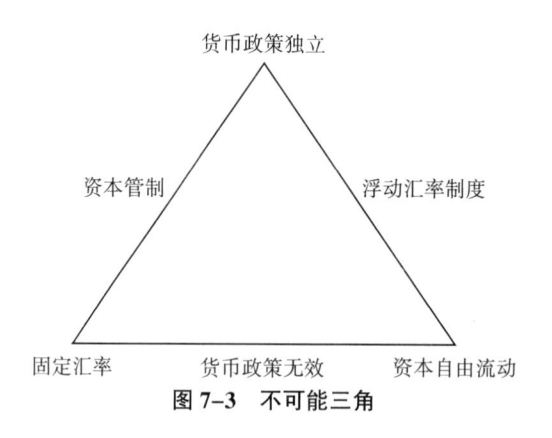

图 7-3 不可能三角

在"不可能三角"中，资本管制所在的边代表选择货币政策独立和汇率固定，放弃资本的自由流动，浮动汇率制度所在的边代表选择货币政策独立和资本自由流动，放弃汇率的固定，货币政策无效所在的边代表选择资本自由流动和汇率固定，放弃货币政策的独立性。简言之，在资本自由流动的情况下，为了维持汇率的稳定，必须牺牲货币政策的独立性，甚至像欧元区的国家一样放弃本国货币；而为了货币政策的独立性，则必须放弃汇率稳定目标，像美国和澳大利亚一样实行浮动汇率制度；若要在汇率稳定的同时保证货币政策的独立性，则必须像布雷顿森林体系时期的众多国家一样实行资本管制，以应对国际资本对本国汇率的冲击。

第二节 异质性交易者行为与"三元悖论"之解

"三元悖论"的提出为我们提供了关于在资本自由流动的情况下,货币政策的独立性和汇率稳定之间关系的分析框架。但是"三元悖论"也受到了一些学者的质疑。首先,在经验证据上,Frankel 等(2001)的实证研究认为盯住汇率制度并不一定导致货币政策独立性的削弱,Fratzscher(2002)的实证研究也认为不同弹性的汇率制度与货币政策自主性之间并没有系统性的联系,同样的观点也见于 Forssback 和 Oxelheim(2006)所得到的实证研究结论。其次,在理论上,针对"三元悖论"的"极端"情形,Frankel(1999)提出这样的一个问题,即我们为何不可以对完全的货币政策独立性和完全的汇率稳定的政策目标取个折中,从而获得一半的货币政策独立性和一半的汇率稳定?其实,Frankel(1999)的疑问也不无现实依据,根据 Reinhart 和 Rogoff(2004)的统计,自从布雷顿森林体系崩溃以来,在各类汇率制度中,中间汇率制度所占比例一直在一半左右,这偏离了"三元悖论"的极端情形。

上述与"三元悖论"相悖的经验证据表明,"三元悖论"存在着可能之解,即或许可以通过某种途径能够在不损失货币政策独立性的同时,保证汇率的稳定,因此才会导致在实证研究上发现不同弹性的汇率制度与货币政策自主性之间并没有系统性的联系。

对此,Olivier 和 Andrew(2002)做出了开创性的研究工作,他们从交易者异质性的角度出发,研究了在外汇市场噪声交易者行为下汇率稳定和货币政策独立性之间的关系,发现货币当局可以通过预先向市场设定一个可信任的汇率波动水平上限(类似于信号渠道),影响噪声交易者的行为,将汇率均衡水平由高波动状态转向低波动状态转换,从而在保证汇率稳定的同时,不牺牲货币政策的独立性。

与 Olivier 和 Andrew(2002)的研究相似,本章也将交易者异质性的假定引入了汇率波动区间与货币政策独立性关系的研究中,试图从微观交易者的行为途径寻找"三元悖论"之解,但不同的是,本章所强调的交易者异质性是指交易策略的异质性（延续前文的假定，本章依然将交易者分为技术分析者和基本面分析者），而非信息获取成本上的差异（在 Olivier 和 Andrew（2002）的研究中，交易者被划分为信息可知者和噪声交易者），且采用涵盖多个市场均衡的一般均衡分析方法。

本章的研究发现，在汇率波动区间的某些中间区域中，汇率稳定性与货币政策独立性并不存在冲突，因此货币当局可以通过央行干预，降低技术分析者的比例，由此在不损失货币政策独立性的同时实现汇率的稳定。此外，理论分析表明，之所以货币政策独立性与汇率波动区间之间没有系统性的联系，可能是因为交易者的异质性行为，由此解释了"三元悖论"无法被现实经验证据有力支持的原因。

一、Olivier–Andrew 模型

假定国内和国外的货币市场均衡成立，即：

$$m_t - p_t = -\alpha i_t \tag{7-1}$$
$$m_t^* - p_t^* = -\alpha i_t^* \tag{7-2}$$

其中，m_t、m_t^*、p_t、p_t^*、i_t、i_t^* 分别为国内和国外的货币供应量、价格水平和利率，以对数形式表示。进而，假定购买力平价在平均水平上成立，汇率 e_t 等于国内外相对价格比加上一个服从独立正态分布的随机冲击 ε_t，于是，结合式（7-1）和式（7-2），可以得到汇率 e_t 的表达如式（7-3）所示：

$$e_t = m_t - m_t^* + \alpha(i_t - i_t^*) + \varepsilon_t \tag{7-3}$$

为了着重关注国内货币政策，假定国外货币供应量 m_t^*、国外利率水平 i_t^* 为外生变量，国内货币供应量服从均值为 $\overline{m}$ 的独立正态分布随机过程，国内利率水平 i_t 为模型的内生变量。

在交易者方面，假定交易者存在异质性，区分为信息可知者（Informed Traders）和噪声交易者（Noise Traders），两者间的差别在于信息可知者在信息收集上不存在成本，而噪声交易者在信息收集上存在劣势，因此进入国内债券市场时，噪声交易者存在着噪声交易成本 $c_j > 0$，而信息可知者的进入成本为 $c_j = 0$。其中 j 为交易者的标识，如果市场中存在着 N_i 个信息可知者，那么 $j \leq N_i$，代表交易者为信息可知者，$j > N_i$，代表交易者为

噪声交易者。

假定异质性交易者的生命周期为2期，投资资产组合为国外债券资产和国内债券资产。交易者的投资决策行为可用式（7-4）和式（7-5）予以刻画，即为：

$$\max_{b_t^j} U_t^j = E_t^j[-\exp(-aW_{t+1}^j)] \tag{7-4}$$

$$s.t \quad W_{t+1}^j = (1+i^*)W + \delta_t^j(b_t^j \rho_{t+1} - c_j) \tag{7-5}$$

其中，W为初始财富，δ_t^j为虚拟变量，代表交易者是否决定进入本国债券市场，如果$\delta_t^j = 1$，那么代表交易者进入，否则为不进入，c_j为进入成本，ρ_{t+1}代表购买本国债券相对于购买国外债券所获得的超额收益，具体形式为：

$$\rho_{t+1} = i_t - (e_{t+1} - e_t) - i^* \tag{7-6}$$

当$j \leq N_i$时，交易者为信息可知者，由于其对信息完全可知，因此可认为其对未来持有理性预期，即可表示为：

$$E_t^j(\rho_{t+1}) = E_t(\rho_{t+1}) \tag{7-7}$$

$$var_t^j(\rho_{t+1}) = var_t(\rho_{t+1}) \tag{7-8}$$

对于噪声交易者（$j > N_i$），由此存在着信息劣势，因此无法对未来持有理性预期。遵从以往做法，假定噪声交易者的二阶预期是正确的，但是一阶预期受到与基本面无关的噪声v_t的影响，为了简单起见，假定所有噪声交易者的平均预期值一致，等于$\bar{\rho}$，因此噪声交易者的预期行为可以表示为：

$$var_t^j(\rho_{t+1}) = var_t(\rho_{t+1}) \tag{7-9}$$

$$var(v) = \lambda var(e) \tag{7-10}$$

基于上述的预期假定，各类异质性交易者将决定是否进入本国债券市场δ_t^j，以及对本国债券的需求量b_t^j。最终，本国债券市场出清，此时债券需求等于债券供给。即

$$\bar{B} = \sum_{j=1,\cdots,N} \delta_t^j b_t^j \tag{7-11}$$

其中，$\bar{B}$为恒定的本国债券供给。

接下来，通过"猜测法"求模型的均衡解。猜测模型的解是，汇率服从独立正态分布的随机游走过程，因此对式（7-3）取期望值，可得到：

$$\bar{\rho} = \bar{i} - i^* \tag{7-12}$$

结合式（7-1），不难进一步得到汇率的期望值，即为：

$$\bar{e} = \bar{m} - m^* + \alpha\bar{\rho} \tag{7-13}$$

然后，在式（7-5）的约束下，最大化式（7-4），可以得到当交易者决定进入本国债券市场时对本国债券的需求额，表示为：

$$b_t^j = \frac{E_t^j(\rho_{t+1})}{\alpha \mathrm{var}_t^j(\rho_{t+1})} \tag{7-14}$$

那么，本国债券市场达到均衡时的条件为式（7-15）成立，即：

$$\bar{B} = N_i \frac{E_t^j(\rho_{t+1})}{\alpha \mathrm{var}_t^j(\rho_{t+1})} + n \frac{\bar{\rho} + v_t}{\alpha \mathrm{var}_t^j(\rho_{t+1})} \tag{7-15}$$

其中，n 为噪声交易者的数量，对式（7-15）取期望，可以得到：

$$\bar{\rho} = \alpha \frac{\bar{B}}{N_i + n} \mathrm{var}(e) \tag{7-16}$$

进一步结合式（7-13）和式（7-3），可以得到：

$$e_t - \bar{e} = \frac{1}{1+\alpha}(m_t - \bar{m} + \varepsilon_t - \alpha \frac{n}{N_i} v_t) \tag{7-17}$$

显然，式（7-17）证明汇率服从独立正态分布的随机游走过程，由此表明猜测法的预先假定是合理的，因此式（7-17）为模型的均衡解，对其取方差，可以得到：

$$\mathrm{var}(e) = \frac{\mathrm{var}(m+\varepsilon)}{(1+\alpha)^2 - \lambda\alpha^2(n/N_i)^2} \tag{7-18}$$

式（7-18）给出了货币政策工具波动 $\mathrm{var}(m+\varepsilon)$ 与汇率波动 $\mathrm{var}(e)$ 之间的关系。接下来，求解式（7-18）的 n 是如何决定的？显然，这与噪声交易者是否进入本国债券市场有关。

$$\delta_t^j = 1 \Leftrightarrow E_{t-1}^j(U_t^j | \delta_t^j = 1) \geqslant E_{t-1}^j(U_t^j | \delta_t^j = 0) \tag{7-19}$$

式（7-19）的经济含义是，只有当进入本国债券市场的效用高于不进入的效用时，噪声交易者才决定进入本国债券市场。更具体而言，Olivier 和 Andrew（2002）的研究表明，噪声交易者进入本国债券市场的条件是：

$$\frac{\alpha}{2(1+\lambda)} \frac{\bar{B}^2 \mathrm{var}(e)}{(N_i+n)^2} + \frac{1}{2\alpha} \log(1+\lambda) \geqslant c_j \tag{7-20}$$

于是式（7-18）和式（7-20）一起构成了模型的均衡解。式（7-20）

第七章　行为金融视角下的汇率最优波动区间研究：基于货币政策独立性的标准

左边的二次性质，决定了当货币政策工具波动性 var(m+ε) 不变的情况下，市场存在着两个均衡点（见图7-4）：A点，噪声交易者比例低、汇率波动性低；C点，噪声交易者比例高，汇率波动性高。这意味着，如果我们可以降低噪声交易者的比例，将市场的均衡点由C点向A点转化，那么就可以同时实现既不损失货币政策独立性，又能保证汇率稳定的"双重"目的。

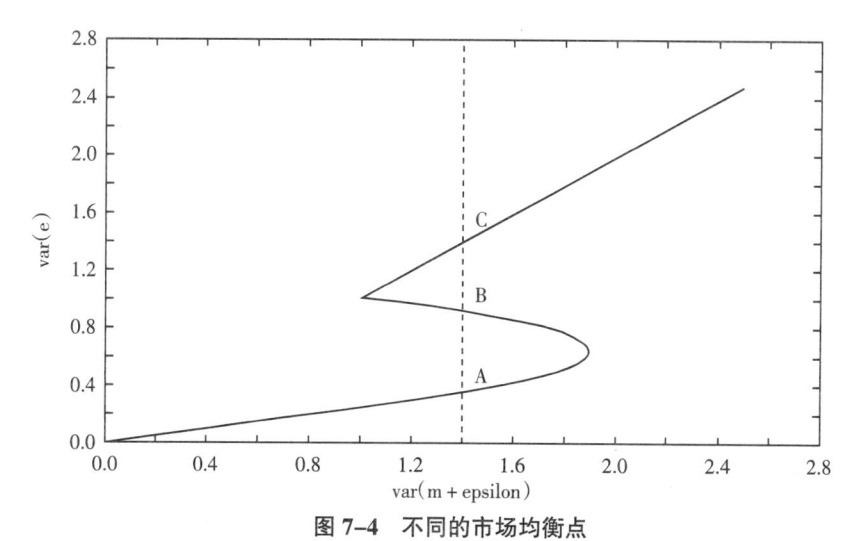

图7-4　不同的市场均衡点

资料来源：Olivier Jeanne and Andrew K. Rose, "Noise Trading and Exchange Rate Regimes", *The Quarterly Journal of Economics*, Vol.2, 2002, pp.537-569.

最后，Olivier 和 Andrew（2002）证明了政策者的"可信赖承诺"（Credible Commitment），即预先声称一个可信赖的汇率波动水平上限，可以降低汇率的波动，使得市场达到一个"低汇率波动、低噪声交易"的良好均衡。虽然"可信赖承诺"对货币政策反应函数施加了约束，但是在这良好的市场均衡点上并未造成货币政策独立性的损失。[①] 由此，Olivier 和 Andrew（2002）在理论上成功地提出了"三元悖论"的解决办法。

---

① 详细证明请见 Olivier 和 Andrew（2002）。

二、技术分析者比例、汇率稳定和货币政策独立性

与 Olivier 和 Andrew（2002）的研究相似，本章引入交易者异质性假定，从微观交易者行为的角度探寻"三元悖论"之解。分析框架依然基于第六章所提出的基于交易者异质性假定的宏观经济模型。

直接引用第六章的研究结论，即

$$\frac{dy}{dz} = \frac{v}{\pi} = \mu\delta(\frac{de}{dz}) = \mu\delta\left[\frac{d\bar{e}}{dz} + (\frac{de}{dz} - \frac{d\bar{e}}{dz})\right]$$

其中 $\frac{d\bar{e}}{dz} = 1$，$\frac{de}{dz} - \frac{d\bar{e}}{dz} = \frac{1-\phi\mu\delta}{\lambda\theta+\phi\mu\delta}$，$z = m + \lambda i^*$。

从中，我们可以得到：

$$\frac{de}{dz} = \frac{de}{dm} = 1 + \frac{1-\phi\mu\delta}{\lambda\theta+\phi\mu\delta} = \frac{\lambda\theta+1}{\lambda\theta+\phi\mu\delta} \tag{7-21}$$

为了分析简便，我们设 $\psi_1 = \lambda[w_1(\alpha+\beta) - \alpha] - 1$，$\psi_2 = \lambda[w_1(\alpha+\beta) - \alpha] - \phi\mu\delta$。根据第六章的结论，当 $\psi_1 < \psi < \psi_2$ 时，汇率波动区间 ψ 处于"中间陷阱"。假定中央银行的货币政策目标之一是保证宏观经济稳定性，因此汇率波动区间的设定区域应处于"中间陷阱"之外。同样，本部分在关于汇率稳定和货币政策独立性的研究只关注"中间陷阱"之外的汇率波动区间区域，以此蕴含央行货币政策工具主动地变动一单位（dm = 1）的目标是为了宏观经济稳定性的假定。

显然，$1 - \phi\mu\delta = \psi_2 - \psi_1$，且由于 $\theta = \alpha - w_1(\alpha+\beta) + \frac{\psi}{\gamma}$，因此 $\lambda\theta + \phi\mu\delta = \psi - \psi_2$。于是，式（7-21）可以表示为：

$$de = (\frac{\psi - \psi_1}{\psi - \psi_2})dm \tag{7-22}$$

或者表示为：

$$de = \{1 + \frac{1-\phi\mu\delta}{\psi - \lambda[w_1(\alpha+\beta) - \alpha] + \phi\mu\delta}\}dm \tag{7-23}$$

比较式（7-23）和式（7-18），不难发现，本章研究得到了与 Olivier 和 Andrew（2002）相似的结论。即在一定的货币政策工具变动下，技术分析者比例的降低将会降低汇率的波动程度。这意味着当考虑了异质性交易者的行为之后，汇率稳定和货币政策独立性之间的"冲突"关系存在可能

的解决空间。

为了进一步揭示考虑交易者异质性行为的情形下货币政策独立性和汇率稳定之间的关系,我们用 $f(\psi) = \psi \times \dfrac{\psi - \psi_1}{\psi - \psi_2}$ 来代表货币政策独立性。背后的经济机理是,总货币供给量 m^s 等于国内货币供给 m_d 加上为了维持汇率稳定而进行外汇市场干预所带来的货币供给 $m_f = -\psi de$ 之和,因此 $f(\psi)$ 衡量了当一国主动式地实行 1 单位的货币政策(即 $dm = 1$)时,为了同时维护汇率的稳定而被动地牺牲货币政策独立性的程度。[①] $f(\psi)$ 的值越大,意味着货币政策独立性越低,反之,则意味着货币政策独立性越高。

在一定的技术分析者比例 w_1 的情况下,即假定 w_1 不变,根据 $f(\psi)$ 对 ψ 求导,可以得到:

$$f'(\psi) = \frac{\psi^2 - 2\psi_2\psi + \psi_1\psi_2}{(\psi - \psi_2)^2} \tag{7-24}$$

设 $\hat{\psi}_1 = \psi_2 - \sqrt{\psi_2(\psi_2 - \psi_1)}$,$\hat{\psi}_2 = \psi_2 + \sqrt{\psi_2(\psi_2 - \psi_1)}$,显然,$\hat{\psi}_1 < \psi_1 < \psi_2 < \hat{\psi}_2$,那么我们可以得到以下结论(参见图 7-5 中实线的变化特征):

当 $0 < \psi < \hat{\psi}_1$ 时,$f'(\psi) > 0$,因此随着央行干预强度 ψ 越大,或者说汇率波动区间的缩小,来自外汇占款所带来的货币供给越多,$f(\psi)$ 的值越大,货币政策独立性越小。

当 $\hat{\psi}_1 < \psi < \psi_1$ 时,$f'(\psi) < 0$,因此随着央行干预强度 ψ 越大,或者说汇率波动区间的缩小,来自外汇占款所带来的货币供给越少,$f(\psi)$ 的值越小,货币政策独立性越大。

当 $\psi_2 < \psi < \hat{\psi}_2$ 时,$f'(\psi) < 0$,因此随着央行干预强度 ψ 越大,或者说汇率波动区间的缩小,来自外汇占款所带来的货币供给越少,$f(\psi)$ 的值越小,货币政策独立性越大。

当 $\hat{\psi}_2 < \psi < +\infty$ 时,$f'(\psi) > 0$,因此随着央行干预强度 ψ 越大,或者说汇率波动区间的缩小,来自外汇占款所带来的货币供给越多,$f(\psi)$ 的值越大,货币政策独立性越小。

接着,考虑到央行强度的变化将会引起技术分析者比例的变化,进而

[①] 当 $dm = 1$,$m_f = -f(\psi)$。

会对货币政策的独立性产生影响（参见式（7-24）），因此我们改变技术分析者比例 w_1 不变的假定。Olivier 和 Andrew（2002）的研究结论表明，与固定汇率制度相比，在浮动汇率制度下的市场中噪声交易者的数量更大，并且本书第四章的实证研究也已证明，央行干预强度的减弱，不仅导致技术分析者在外汇市场中的比重增大，还使得央行干预对技术分析者保持原来特征的概率的影响效力变得更小。因此，我们假定技术分析者的比例与央行干预强度呈反比关系，即 ψ 越大，w_1 则越小，反之，ψ 越小，w_1 则越大。

那么在考虑技术分析者比例对货币政策独立性的效应之后，我们可以发现（比较图7-5中实线与虚线的特征）：

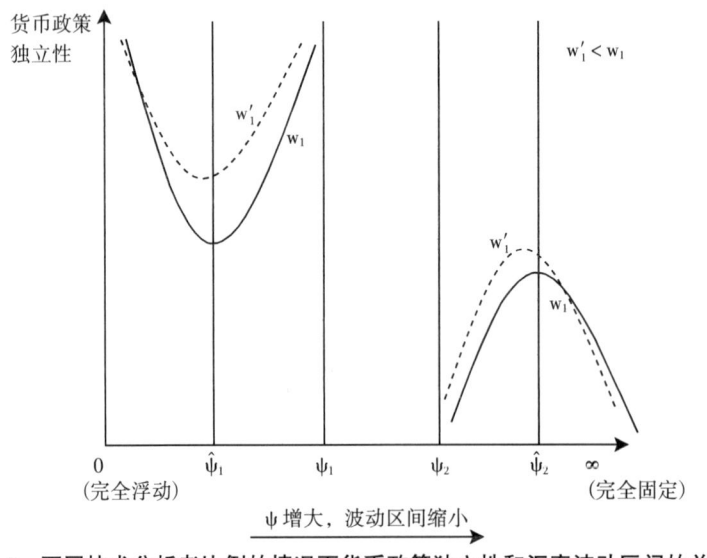

图7-5　不同技术分析者比例的情况下货币政策独立性和汇率波动区间的关系[①]

当 $0<\psi<\hat{\psi}_1$ 时，$f'(\psi)>0$，因此随着央行干预强度 ψ 越大（为了维持汇率的稳定，下面不再赘述），来自外汇占款所带来的货币供给越多，由此"牺牲"了货币政策的独立性，但是，央行干预强度 ψ 的提高，将导致技术分析者比例 w_1 变小，从而"获得"一定程度的货币政策独立性，因

---

① 图中曲线仅反映变量的变化趋势，不反映变量的实际值。

第七章 行为金融视角下的汇率最优波动区间研究：基于货币政策独立性的标准

此综合来看，货币政策独立性的变化不可确定。

当 $\hat{\psi}_1 < \psi < \psi_1$ 时，$f'(\psi) < 0$，因此随着央行干预强度 ψ 越大，来自外汇占款所带来的货币供给越小，"获得"了货币政策独立性，同时，央行干预强度 ψ 的提高，将导致技术分析者比例 w_1 变小，由此进一步"获得"货币政策独立性，因此可以确定，最终货币政策独立性将会提高。

当 $\psi_2 < \psi < \hat{\psi}_2$ 时，$f'(\psi) < 0$，因此随着央行干预强度 ψ 越大，来自外汇占款所带来的货币供给越小，"获得"了货币政策独立性，同时，央行干预强度 ψ 提高，将导致技术分析者比例 w_1 变小，从而进一步"获得"货币政策独立性，因此也可以确定，最终货币政策独立性将会提高。

当 $\hat{\psi}_2 < \psi < +\infty$ 时，$f'(\psi) > 0$，因此随着央行干预强度 ψ 越大，来自外汇占款所带来的货币供给越多，由此"牺牲"了货币政策独立性，但是，央行干预强度 ψ 的提高，将导致技术分析者比例 w_1 变小，"获得"了货币政策独立性，因此综合来看，货币政策独立性的变化不可确定。

基于以上结论，我们可以认为，至少在 $[\hat{\psi}_1, \psi_1]$ 和 $[\psi_2, \hat{\psi}_2]$ 的区域中，货币政策独立性与汇率稳定并不存在"冲突"，"三元悖论"存在可行之解，也就是说，只要汇率波动区间 ψ 处于 $[\hat{\psi}_1, \psi_1]$ 和 $[\psi_2, \hat{\psi}_2]$ 的范围，那么货币当局大可通过提高央行干预强度来维持汇率的稳定，同时又不"损失"货币政策的独立性。因此无论是基于宏观经济稳定性的标准，还是基于货币政策独立性的标准，$[\hat{\psi}_1, \psi_1]$ 和 $[\psi_2, \hat{\psi}_2]$ 是汇率波动区间 ψ 的最优选择区域。

而在 $[0, \hat{\psi}_1]$ 和 $[\hat{\psi}_2, +\infty]$ 的范围，货币政策独立性与汇率波动区间之间的关系不能确定，即不存在绝对的正向关系或反向关系，这与 Frankel 等（2001）、Fratzscher（2002）、Forssback 和 Oxelheim（2006）等进行的实证研究所得到的关于不同弹性的汇率制度与货币政策自主性之间并没有系统性联系的结论是一致的。

有意思的是，如果我们比较一下考虑异质性交易者行为的情形和不考虑异质性交易者行为的情形，可以发现，当不考虑异质性交易者行为（异质性交易者比例 w_1 不变）的时候，在 $[0, \hat{\psi}_1]$ 和 $[\hat{\psi}_2, +\infty]$ 的两个区域，随着汇率波动区间 ψ 的缩小，即随着汇率弹性的变小，货币政策独立性将单调地递减，与"三元悖论"的结论一致，而当我们考虑异质性交易者行为（异质性交易者比例 w_1 变化）之后，货币政策独立性与汇率波动区间之间的关系则不能确定，因此我们可以认为，之所以在实证研究上，我们发现不同弹性的汇率制度与货币政策自主性之间并没有系统性联系的这一与"三元悖论"不一致的现象，可能是因为异质性交易者行为的存在。

第三节 实证研究

一、本书结论的经验证据

本章将交易者异质性的假定引入传统宏观经济模型中，研究了货币政策独立性与汇率波动区间之间的关系，我们发现，当不考虑交易者异质性行为时，货币政策独立性与汇率波动区间呈"拉长"的倒"N"型关系（见图7-4），而在考虑交易者异质性行为之后，在某些区域，货币政策独立性与汇率波动区间之间的关系不能确定，但是在某些区域，无论是否考虑交易者异质性行为，货币政策独立性与汇率波动区间都呈"反向关系"，这意味着"三元悖论"可解，且从宏观经济稳定性标准来看，这些区域处于"中间陷阱"之外，也是最优的，因此我们将其称为汇率波动区间的最优区域。

为了能够较为简洁地检验上述结论，我们直接引用 Calvo 和 Reinhart（2002）关于汇率波动和外汇储备变动的数据来分别测算汇率波动区间和货币政策独立性。[①] 用现实的汇率波动数据来度量一国汇率波动区间的大小，在这里存在着一个问题，即在某个时点，由于经济冲击相对较小，一个宽汇率波动区间（或者说汇率制度弹性较高）的国家的汇率波动幅度可能会低于另外一个窄汇率波动区间的国家的汇率波动幅度。对此，Calvo

---

① 更为复杂的做法是，通过严谨的经济模型来测度汇率波动区间（央行干预强度或汇率制度弹性）以及货币政策独立性，但是样本国家的数量较多，我们难以利用这种模型依赖的复杂方法来进行逐一测算。

第七章 行为金融视角下的汇率最优波动区间研究：基于货币政策独立性的标准

和 Reinhart（2002）采用"概率"的思想进行度量，即他们认为，在较长的样本区间内，汇率制度较为固定的国家汇率波动百分比绝对值 $|\frac{\Delta e}{e}|$ 低于某一预先设定的标准水平 c 的概率应该高于汇率制度较为浮动的国家，否则，就不能判断为前者的汇率制度较为固定。用式子可以表示为：

$$P(|\frac{\Delta e}{e}| < c | Peg) > P(|\frac{\Delta e}{e}| < c | Float) \tag{7-25}$$

与此相似，我们可以认为，在较长的样本区间内，货币政策独立性较高的国家的外汇储备变动百分比绝对值 $|\frac{\Delta R}{R}|$ 低于某一预先设定的标准水平 c 的概率应该高于货币政策独立性较低的国家，否则，就不能论断为货币政策独立性较高，表示如式（7-26）所示：

$$P(|\frac{\Delta R}{R}| < c | Independence) > P(|\frac{\Delta R}{R}| < c | dependence) \tag{7-26}$$

表 7-1 给出了样本国家在各样本区间内的汇率波动百分比绝对值 $|\frac{\Delta e}{e}|$ 和外汇储备变动百分比绝对值 $|\frac{\Delta R}{R}|$ 低于标准水平 c［Calvo 和 Reinhart（2002）将其设定为 2.5%］的概率。从汇率变动的"概率"值来看，被广泛认定为汇率浮动最为"自由"的美国和日本两国的"概率"值分别为 58.7% 和 61.2%，处在 60% 的上下水平，因此 60% 可被看作浮动汇率制度的基准。与之进行比较，可以发现，"声称"实行浮动汇率制度的玻利维亚、加拿大、印度、挪威、西班牙等国家远超出 60% 的基准水平，与"声称"实行固定汇率制度国家的情况相差无异，同样的这种现象也存在于"声称"实行管理浮动汇率制度和有限浮动汇率制度的国家，这就是所谓的"浮动害怕"症现象。

表 7-1 汇率波动与外汇储备变动的"概率"

单位：%

官方"声称"的汇率制度安排	国家	样本区间	汇率	外汇储备
浮动汇率制度	澳大利亚（Australia）	1984 年 1 月至 1999 年 11 月	70.3	50.0
	玻利维亚（Bolivia）	1985 年 9 月至 1997 年 12 月	93.9	19.6

续表

官方"声称"的汇率制度安排	国家	样本区间	汇率	外汇储备
浮动汇率制度	加拿大（Canada）	1970年5月至1999年11月	93.6	36.6
	印度（India）	1993年3月至1999年11月	93.4	50.0
	肯尼亚（Kenya）	1993年10月至1999年12月	72.2	27.4
	日本（Japan）	1973年2月至1999年11月	61.2	74.3
	墨西哥（Mexico）	1994年12月至1999年11月	63.5	28.3
	新西兰（New Zealand）	1985年3月至1999年11月	72.2	31.4
	尼日利亚（Nigeria）	1986年10月至1993年3月	74.5	12.8
	挪威（Norway）	1992年12月至1994年12月	95.8	51.9
	秘鲁（Peru）	1990年8月至1999年11月	71.4	48.1
	菲律宾（Philippines）	1988年1月至1999年11月	74.9	26.1
	南非（South Africa）	1983年1月至1999年11月	66.2	17.4
	西班牙（Spain）	1984年1月至1989年7月	93.8	40.1
	瑞典（Sweden）	1992年12月至1999年11月	75.5	33.3
	乌干达（Uganda）	1992年1月至1999年11月	77.9	32.9
	美国（United States）	1973年2月至1999年11月	58.7	62.2
管理浮动汇率制度	玻利维亚（Bolivia）	1998年1月至1999年11月	100	12.5
	巴西（Brazil）	1994年6月至1998年12月	94.3	51.8
	智利（Chile）	1982年10月至1999年11月	83.8	48.2
	哥伦比亚（Colombia）	1979年1月至1999年11月	86.8	54.2
	埃及（Egypt）	1991年2月至1998年12月	98.9	69.4
	希腊（Greece）	1977年1月至1997年12月	85.3	28.9
	印度（India）	1979年2月至1993年11月	84.5	36.7
	印度尼西亚（Indonesia）	1978年11月至1997年6月	99.1	41.5
	以色列（Israel）	1991年12月至1999年11月	90.9	43.8
	肯尼亚（Kenya）	1998年1月至1999年11月	70.6	14.3
	韩国（Korea）	1980年3月至1997年10月	97.6	37.7
	马来西亚（Malaysia）	1992年12月至1998年9月	81.2	55.7
	墨西哥（Mexico）	1989年1月至1994年11月	95.7	31.9

第七章　行为金融视角下的汇率最优波动区间研究：基于货币政策独立性的标准

续表

官方"声称"的汇率制度安排	国家	样本区间	汇率	外汇储备
管理浮动汇率制度	挪威（Norway）	1995年1月至1999年11月	90.2	42.3
	巴基斯坦（Pakistan）	1982年1月至1999年11月	92.8	12.1
	新加坡（Singapore）	1988年1月至1999年11月	88.9	74.8
	乌拉圭（Uruguay）	1993年1月至1999年11月	92.0	36.5
	委内瑞拉（Venezuela）	1996年4月至1999年11月	93.9	29.4
有限浮动汇率制度	法国（France）	1979年3月至1999年11月	97.5	54.9
	希腊（Greece）	1998年1月至1999年11月	80.0	31.3
	马来西亚（Malaysia）	1986年1月至1990年2月	98.1	35.9
	西班牙（Spain）	1989年5月至1999年11月	92.4	64.7
	瑞典（Sweden）	1985年5月至1992年10月	92.1	39.3
固定汇率制度	阿根廷（Argentina）	1991年3月至1999年11月	100.0	36.7
	保加利亚（Bulgaria）	1997年5月至1999年11月	93.1	48.2
	科特迪瓦（Cote D'Ivoire）	1970年1月至1999年11月	99.4	8.7
	爱沙尼亚（Estonia）	1992年5月至1999年11月	100.0	32.6
	肯尼亚（Kenya）	1970年1月至1993年9月	85.6	20.8
	立陶宛（Lithuania）	1994年4月至1999年11月	100.0	37.3
	马来西亚（Malaysia）	1990年3月至1992年11月	96.9	39.4
	尼日利亚（Nigeria）	1993年4月至1999年11月	98.6	8.9
	挪威（Norway）	1978年12月至1992年11月	86.8	35.1
	新加坡（Singapore）	1983年1月至1987年12月	96.6	83.3
	泰国（Thailand）	1970年1月至1997年6月	98.5	50.2

资料来源：Calvo and Reinhart, "Fear of Floating", *Quarterly Journal of Economics*, Vol.2, 2002, pp. 379-408.

为了更清晰地体现汇率波动区间和货币政策独立性的关系，我们将表7-1中的数据画成散点图，见图7-6。图中的横轴为汇率变动的"概率"值（该值越高，意味着汇率波动区间越窄，汇率制度弹性越低），纵轴为外汇储备变动的"概率"值（该值越高，意味着外汇储备变动的幅度越低，因此货币政策独立性越高）。从散点分布的特征来看，很显然，汇率波动区间和货币政策独立性之间并没有很明显的绝对线性关系，这与

Frankel 等（2001）、Fratzscher（2002）、Forssback 和 Oxelheim（2006）等的实证结论是相符的。根据本章的研究结论，这或许与异质性交易者的行为有关。假使散点的趋势线可以剔除因异质性交易者行为而带来的"噪声"，我们可以发现，趋势线的走势与本章理论分析所得到的图 7-5 非常相似。随着汇率波动区间由"完全浮动"向"完全固定"的缩小，在起初的一段区域内，汇率波动区间与货币政策独立性呈反向关系，即汇率波动区间的扩大将要以货币政策独立性的"牺牲"为代价，但是当到了本章所谓的最优波动区域时，汇率波动区间与货币政策独立性之间不存在"冲突"，"三元悖论"不成立，存在可行之解，然后当汇率波动区间进一步跨越这一区域，向"完全固定"方向转化时，"三元悖论"再次有效，即汇率波动区间与货币政策独立性之间再次出现"冲突"。可见，本章理论分析所得到的关于汇率波动区间与货币政策独立性之间关系的结论得到了经验证据的很好支持。

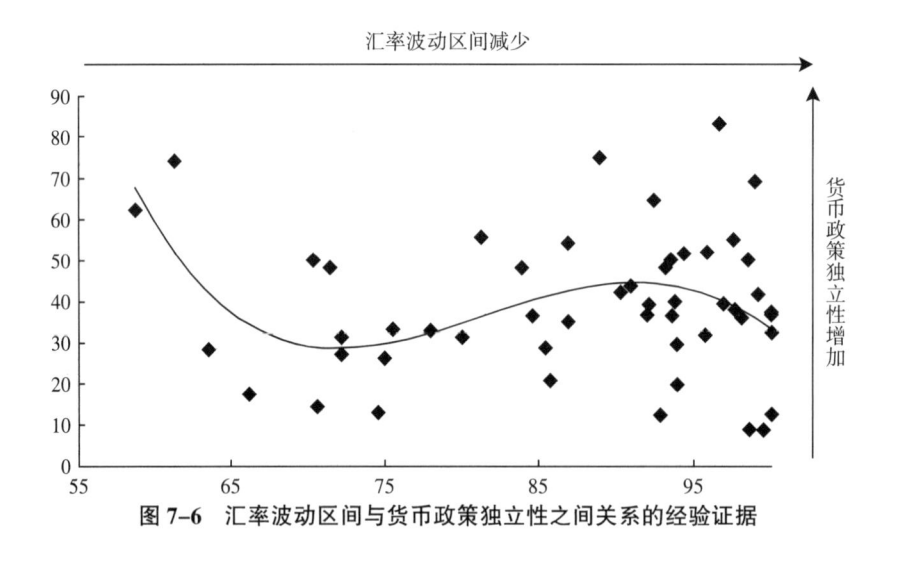

图 7-6 汇率波动区间与货币政策独立性之间关系的经验证据

二、关于人民币汇率最优波动区间的实证研究：基于货币政策独立性标准

为了基于货币政策独立性的标准，对现行的人民币汇率波动区间的合

理性进行评价，我们同样依照 Calvo 和 Reinhart（2002）的思路测算了 2005 年 8 月至 2011 年 12 月的人民币汇率变动的"概率"值，结果为 100。显然，现行的人民币汇率波动区间正处于"三元悖论"成立的区域，与货币政策独立性存在冲突，因此基于货币政策独立性的标准，现行的人民币汇率波动区间并不是最优的，应该进一步扩大人民币汇率波动区间，使其向最优区域变化。根据图 7-6 所显示的特征，汇率波动区间的最优区域为：汇率波动的"概率"值大概处于 72~93。

第四节 小 结

本章首先回顾了"三元悖论"的历史发展及理论内涵，接着针对 Frankel 等（2001）、Fratzscher（2002）、Forssback 和 Oxelheim（2006）等所提出的实证质疑，介绍了 Olivier 和 Andrew（2002）模型，凸显了引入交易者异质性假定在寻找"三元悖论"之解的重要意义。于是，延续 Olivier 和 Andrew（2002）的思路，我们将交易者异质性的假定引入了汇率波动区间与货币政策独立性之间关系的研究中，试图从微观交易者行为的途径中去寻找"三元悖论"之解，并对"三元悖论"无法被经验证据有力支持的现象进行解释。

研究发现，当不考虑交易者异质性行为时，货币政策独立性与汇率波动区间呈"拉长"的倒"N"型关系，而在考虑交易者异质性行为之后，在某些区域，货币政策独立性与汇率波动区间之间的关系不能确定，但是在某些区域，无论是否考虑交易者异质性行为，货币政策独立性与汇率波动区间都呈"反向关系"，这意味"三元悖论"可解，且从宏观经济稳定性标准来看，这些区域处于"中间陷阱"之外，也是最优的，因此我们将其称为汇率波动区间的最优区域。

进而，本章引用 Calvo 和 Reinhart（2002）关于汇率波动和外汇储备变动的数据，基于"概率"的思想分别测算了 50 多个样本国家汇率的波动区间和货币政策独立性。研究发现，汇率波动区间和货币政策独立性之间确实没有存在非常明显的绝对线性关系，由此进一步验证了 Frankel 等（2001）、Fratzscher（2002）、Forssback 和 Oxelheim（2006）等的观点。此外，假使散点的趋势线可以剔除因异质性交易者行为而带来的"噪声"，那么可以发现，趋势线的走势与理论分析所得到的结论非常相似。即在所谓的最优波动区域之外，汇率波动区间与货币政策独立性呈反向关系，"三元悖论"成立，但是在最优波动区域之间，汇率波动区间与货币政策独立性之间不存在"冲突"，"三元悖论"不成立，存在可行之解。

由此，本章的研究不仅在 Olivier 和 Andrew（2002）的基础上进一步验证"三元悖论"存在的可行之解，同时又从异质性交易者的角度解释了"三元悖论"无法被经验证据有力支持的现象。

关于现行的人民币汇率波动区间，研究结果显示，基于货币政策独立性的标准，现行的人民币汇率波动区间并不是最优的，建议进一步扩大人民币汇率波动区间，向最优区域变化。

第八章 主要结论与政策建议

在人民币汇率形成机制越来越趋于市场化的背景下，关于人民币汇率决定和变动的相关研究已不能再局限于原来的传统宏观理论模型或者停留在简单的计量拟合和预测上，而应重视微观个体的汇率预期及其交易行为对人民币汇率变动的影响。本书第三章首先从行为金融理论的视角出发，假定人民币外汇市场中微观个体具有交易者预期异质性、不完美的认知能力、试错行为等非理性行为，并综合央行政策干预因素和宏观经济基本面变量，由此构建了基于行为金融视角的人民币汇率决定模型，然后提出相应的实证检验方法，实证研究了汇改后人民币外汇市场上异质性交易者的比例变化、风险厌恶系数、预期规则等行为特征，从而为理解和把握汇改后人民币汇率的市场化形成机理提供了新的研究视角和经验依据。

进而，同样是基于行为金融的视角，本书第四章提出除了信号渠道、资产组合渠道和微观市场结构渠道之外，还存在第四个央行干预渠道，即交易者异质性渠道，构建了交易者异质性、央行干预效力与人民币汇率变动的实证框架，然后利用马尔科夫机制转换方法，实证估计了人民币外汇市场中央行干预对异质性交易者比例的变化以及由此而导致汇率变动的影响，从而以更全面的视角研究了汇改后人民币汇率的形成机理。本书第五章还基于人民币汇率形成机制市场化的背景，研究了在交易者异质性假定下央行干预对汇率失衡的影响。

在全面研究了人民币外汇市场交易者的异质性特征之后，本书第六章和第七章在传统的宏观经济模型中引入交易者异质性这一重要假定，然后基于修正的传统宏观经济模型，对人民币汇率的最优波动区间进行研究。

具体而言，第六章根据宏观经济稳定性标准，关注汇率波动区间与汇率失调、宏观经济失衡之间的关系，从理论上研究中间汇率制度下的汇率最优波动区间，发现了汇率波动区间"中间陷阱"的存在，并提出相应的实证检验思想及方法，然后应用于对现行的人民币汇率波动区间的实证检验。第七章则参考 Olivier 和 Andrew（2002）的研究思路，将交易者异质性的假定引入了汇率波动区间与货币政策独立性关系的研究中，试图从微观交易者行为的途径去寻找"三元悖论"之解，并对"三元悖论"无法被经验证据有力支持的现象进行解释，接着，基于 Calvo 和 Reinhart（2002）"概率"的思想分别测算了 50 多个样本国家汇率的波动区间和货币政策独立性，由此对理论分析结论进行验证，并以此从货币政策独立性的标准实证评价了现行的人民币汇率波动区间。

经过以上对行为金融视角下的人民币汇率形成机理及最优波动区间的研究，得到以下主要结论，并在此基础上提出相关政策建议。

第一节 主要结论

一、人民币外汇市场中交易者的异质性行为特征

研究发现，汇改后人民币外汇市场存在着显著的异质性预期者：持有回归预期的基本面分析者和持有推断预期的技术分析者。相较而言，技术分析者的风险厌恶程度明显高于基本面分析者。关于两类交易者的力量对比和变化情况，研究发现，在汇改后的初期阶段，技术分析者在人民币外汇市场中占据主导地位，外汇市场交易主要为噪声交易，而在随后的主要时间段里，持有回归预期的基本面分析者取代了技术分析者的主导地位，回归预期的盈利性明显强于推断预期。在 2009 年 4 月以后，两类异质性交易者不断转化着，外汇交易者对预期策略陷入"迷茫"的状态。但是当汇率政策越来越趋于明朗化时，技术分析者从 2009 年 10 月开始在人民币外汇市场中占据主导地位。

二、汇改后人民币汇率形成中市场行为和央行干预因素

研究结果表明，关于人民币汇率的决定因素，存在着三类因素：政策

因素、宏观经济基本面因素和微观个体因素。政策因素体现为央行干预，相关实证结果表明，我国央行对于降低人民币升值压力的干预效果是有效的，减缓了人民币升值速度，而来自于经常账户顺差的经济基本面因素则带来了较高的升值压力，最后从微观个体的特征来看，在汇改后的一段时期内，基本面分析者认为低于基本汇率水平的人民币币值将会回归到基本面的预期行为在一定程度上推动了人民币的升值，而在2010年6月央行重启人民币汇率制度改革之后，持有推断预期的技术分析者的噪声交易则给人民币带来了升值压力。

　　研究发现：央行干预对于外汇市场中参与者的异质性预期具有重要的影响作用。一方面，央行干预强度的减弱将会提高技术分析者保持原来特征的概率；另一方面，虽然央行干预强度的减弱将会降低基本面分析者对人民币汇率向基本面回归的预期程度，但是央行干预强度对基本面分析者保持原来特征的概率不具有显著的影响。研究认为，基本面分析者占据主导地位与回归预期策略的盈利性有关，而与央行干预政策变动无关。于是，我们进一步推断，汇改后人民币汇率变动幅度的扩大，主要是一个市场行为的结果，而非政策变动的结果。这意味着随着人民币汇率制度改革的进行，市场因素在人民币汇率的形成中的重要性开始凸显，人民币汇率形成机制的市场化特征越趋明显。

　　关于央行干预对人民币汇率均衡的影响，理论分析发现，央行干预对汇率失调程度存在"U"型效应，即当央行干预指数在某区间时，央行干预延缓或阻碍了汇率均衡，反之，则促进了汇率均衡。实证检验结果显示，金融危机之后人民币外汇市场中央行干预的强度明显高于金融危机之前，其中在2008年6月至2010年5月期间，央行干预强度最大。从总体来看，自2005年汇改以来，人民币汇率并未出现大幅度的失调，低估幅度不超过2%，高估幅度不超过4%。2008年之后，国际金融危机的演化成为人民币汇率失调的主导因素。目前，人民币汇率失调的程度较低，基本上处于合理的均衡水平。同时，实证结果发现，人民币汇率失调程度的变化存在"非均衡"和"均衡"区制，两个区制之间的转移由央行干预决定。在汇改以来的大部分时期里，央行干预使得人民币汇率基本上处于"均衡"区制，因此可以认为，央行干预推动了人民币汇率更加均衡。

三、汇率波动区间"中间陷阱"的发现及实证检验方法的提出

研究发现,当一国汇率波动区间逐步由小及大扩大时,将会进入某个"不稳定"的区域:在这个区域中,随着汇率波动区间的扩大,外汇市场的投机势力对汇率走势的作用将会增强,从而导致经济冲击发生时出现汇率失调和宏观经济失衡。另外,汇率波动区间的扩大有助于降低经济冲击对经济体的"市场"效应的影响程度,因此当进一步扩大的汇率波动区间超越某一临界值时,外汇市场的投机势力所导致的"市场效应"将会被经济体的"自我调节"效应抵消,由此跨越了这一"不稳定"的区域。本书将此"不稳定"的区域称为汇率波动区间的"中间陷阱"。

识别一国汇率波动区间的"中间陷阱",具有实践指导意义。可以根据识别出的"中间陷阱"范围,判断一国现行的汇率波动区间是否最优,以及未来变动的合适方向。本书第六章从理论上给出了汇率波动区间的"中间陷阱"的具体范围。研究发现,"中间陷阱"的宽度与货币需求对收入的敏感性、商品需求对实际汇率的敏感性和商品需求对收入的敏感性等经济结构参数有关。另外,研究发现"中间陷阱"的宽度是"有限"的,不会出现"无限"的情形,这意味着"中间陷阱"的存在并不能使中间汇率制度完全消失。从宏观经济稳定性的角度来看,中间汇率制度在"中间陷阱"之外的区域依然可行。由此本书的发现为"中间汇率制度消失论"在现实中的不成立,提供了另外一种解释。研究还发现,虽然"中间陷阱"的宽度与外汇市场投机者(即技术分析者)的比例无关,但是"中间陷阱"的确切范围却与之有关。对于汇率波动区间"中间陷阱"的识别,本书第六章提出了相应的简洁实证检验方法。

四、"三元悖论"之解的寻找及对"三元悖论"受到实证质疑的解释

研究发现,当不考虑交易者异质性行为时,货币政策独立性与汇率波动区间呈"拉长"的倒"N"型关系,而在考虑交易者异质性行为之后,在某些区域,货币政策独立性与汇率波动区间之间的关系不能确定,但是

在某些区域,无论是否考虑交易者异质性行为,货币政策独立性与汇率波动区间都呈"反向关系",这意味"三元悖论"可解。且从宏观经济稳定性标准来看,这些区域处于"中间陷阱"之外,也是最优的,因此我们将其称为汇率波动区间的最优区域。实证结果表明,汇率波动区间和货币政策独立性之间确实没有存在非常明显的绝对线性关系,由此进一步验证了Frankel 等(2001)、Fratzscher(2002)、Forssback 和 Oxelheim(2006)等的观点。此外,实证研究发现,在研究样本国家中,汇率波动区间和货币政策独立性之间的趋势线的走势与本书第七章理论分析所得到的结论非常相似,即在所谓的最优波动区域之外,汇率波动区间与货币政策独立性呈反向关系,"三元悖论"成立,但是在最优波动区域之间,汇率波动区间与货币政策独立性之间不存在"冲突",这意味着"三元悖论"不成立,存在可行之解。

五、对现行人民币汇率波动区间的评价

利用本书第六章所提出的汇率波动区间"中间陷阱"的实证检验方法,我们对现行的人民币汇率波动区间进行了实证研究。研究结果表明,当前的人民币汇率波动区间正处于"中间陷阱"中。也就是说,在现行的人民币汇率波动区间安排下,当以技术分析者为代表的投机势力充斥外汇市场($w_1 = 1$)时,投机势力对汇率走势将会发挥主要作用,从而导致经济冲击发生时我国经济体的"市场效应"的方向与"自我调节"效应相反,且无法被经济体的"自我效应"抵消,最终出现汇率失调和宏观经济失衡。因此依据宏观经济稳定性的标准,现行的人民币汇率波动区间并不是最优的汇率波动区间。

此外,本书第七章按照 Calvo 和 Reinhart(2002)的思路测算了在2005 年 8 月至 2011 年 12 月期间的人民币汇率变动的"概率"值,结果为100。与其他研究样本国家相比,现行的人民币汇率波动区间正处于"三元悖论"成立的区域中,与货币政策独立性存在着冲突,因此基于货币政策独立性的标准,现行的人民币汇率波动区间也不是最优的。

第二节 政策建议

一、继续提高人民币汇率形成机制的市场化程度，使人民币汇率更好地反映市场供求关系

研究结果表明，在人民币汇率的变动幅度提高的期间，人民币外汇市场由基本面分析者占据了主导地位，但与央行干预强度减弱无关，而是与回归预期策略的盈利性有关，这意味着随着人民币汇率制度改革的推进，市场因素在人民币汇率的形成中的重要性开始凸显，人民币汇率形成机制的市场化特征越趋明显。

回顾人民币汇率的变化，人民币汇率从 2005 年汇改启动时的 8.2765 元人民币兑 1 美元的水平到最高峰时升值到 6.11 元人民币兑 1 美元。在这一升值的过程当中，虽然升值的渐进式特征使得人民币外汇市场在某些时期的"投机"气氛较为浓厚（本书的实证结果显示在不短的时间段里，技术分析者在外汇市场中占据了主导地位），但是我们也看到，在基本面分析者的推动下，人民币汇率正逐步地向合理的均衡水平回归，并且人民币汇率对外汇市场供求关系的反映程度有了很大的提高，2011 年下半年，人民币汇率出现了持续的双向波动的特征，汇率浮动越趋灵活。因此，汇改至今，我们在人民币汇率形成机制市场化改革方面所取得的成绩是值得肯定的，然而，为了更好地发挥市场在汇率价格形成中的基础性作用和为了更好地保持人民币汇率水平的合理性和稳定性，我们应该继续推进人民币汇率制度改革，进一步完善人民币汇率形成机制的市场化，深化和提高人民币外汇市场的流动性和市场效率。具体而言，在外汇市场交易主体方面，应该进一步扩大银行间即期外汇市场主体范围，允许更多符合条件的非银行金融机构和非金融企业按照实需原则参与银行间外汇市场交易，允许更多合格的外资银行甚至境外机构投资者进入外汇市场中进行资产组合投资和外汇套期保值以及适度的投机交易；在交易制度方面，继续完善做市商制度，充分发挥其所具有的创造市场流动性、活跃外汇市场交易的优

势，从而提高人民币汇率形成的市场化程度。

二、央行干预应该注重对外汇市场中微观交易者行为的关注和把握，以提高央行干预的有效性

研究结果显示，交易者异质性是人民币汇率形成机制逐步市场化后的典型特征，并且随着人民币汇率制度改革的推进，市场因素在人民币汇率的形成中的重要性已经开始凸显，人民币汇率形成机制的市场化特征越趋明显。而且，研究发现，央行干预对于不同预期特征的参与者具有不同的影响，因此央行在进行外汇市场干预时，不仅应该考虑在市场上干预的方向和幅度，而且应该关注其干预措施对外汇市场参与者异质性预期所产生的可能影响，着重关注和把握外汇市场中参与者的特征及其变化，尤其是市场参与者的预期行为以及各自的预期依据，比如汇率的以往走势、宏观经济基本面、其他外部冲击等，这样才能正确把握人民币汇率的形成机理和取得央行干预政策的有效性。

基于汇率均衡的角度，在特殊情形下，可以提高央行干预强度以应对可能的外部冲击，保持人民币汇率在合理、均衡水平上的基本稳定，但根据本书的研究结果，央行干预对汇率均衡存在"U"型效应，因此央行干预的强度也应在适度的合理区间上，既不能太大而影响市场自我的价格发现功能，也不能太小而让汇率越趋偏离汇率的均衡水平。

三、进一步扩大人民币汇率的波动区间，提高人民币汇率制度弹性，有助于我国宏观经济稳定性和货币政策独立性的实现

实证研究结果表明，现行的人民币汇率波动区间正处于"中间陷阱"之中，并不是合意的波动区间，因此为了我国宏观经济的稳定性，进一步扩大汇率波动区间，以成功跨越汇率波动区间的"中间陷阱"。同样，基于货币政策独立性标准的实证研究也发现，现行的人民币汇率波动区间与货币政策独立性存在着冲突，也不是最优的，应该进一步扩大人民币汇率波动区间，向最优区域变化。

在特殊的经济形势下，为了国内外经济金融的稳定以及维持汇率在均

衡水平上基本的稳定，可以实行短暂的"特殊"汇率稳定政策，比如实证结果证实，在金融危机背景下，我们将汇率波动区间的幅度设为0，这有利于保持人民币汇率在均衡水平上的稳定，有助于维持在危机时期中市场的信心和国际贸易的稳定，但从长远来看，央行应该将扩大人民币汇率的波动区间，提高人民币汇率制度弹性作为我国汇率政策选择和汇率制度改革的长远目标，因为这有助于推进我国经济结构的调整，同时也有助于我国宏观经济稳定性和货币政策独立性的实现。

四、继续完善人民币汇率制度改革和外汇市场基础设施建设，为人民币国际化的成功实现打下坚实基础

美国金融危机的爆发使人们意识到美元"一币独大"的国际货币体系的弊端以及改革国际货币体系的重要性，同时也坚定了国人推动人民币国际化的决心。此次国际金融危机为人民币走出国门提供了良好的时机。虽然经过人民币跨境贸易结算试点工作的积极开展和境外人民币"回流"机制的拓宽，人民币国际化进程已经取得了一定的进展，人民币成功加入SDR，但是我们需要认识到的是，要想人民币国际化的进一步提高，还需进一步资本账户的开放和人民币的可自由兑换，这意味着我国必须具有足够成熟和完善的外汇市场来抵御资本项目开放后来自国际上的市场冲击并保证国内货币金融的安全和稳定。因此应该继续完善人民币汇率制度改革和外汇市场基础设施建设，从而为人民币国际化的成果实现奠定有效的外汇市场基础。

附录 1

人民币跨境流动渠道梳理

渠道	有关政策规定	主要内容
跨境贸易	2011年中国人民银行《关于明确跨境人民币业务相关问题的通知》	贸易项下人民币跨境结算。2011年人民币跨境结算试点扩大至全国
直接投资	2011年中国人民银行《境外直接投资人民币结算试点管理办法》	人民币对外直接投资（RMB-ODI）：凡获准开展境外直接投资的境内企业均可以用人民币进行境外直接投资，银行可依据境外直接投资主管部门的核准证书或文件直接为企业办理人民币结算业务
	2011年中国人民银行《外商直接投资人民币结算业务管理办法》	人民币外商直接投资（RMB-FDI）：2011年商务部大幅简化RMB-FDI审批流程，中国人民银行规定境外投资者办理外商直接投资人民币结算业务，可按照相关规定，申请开立境外机构人民币银行结算账户
	2011年上海《关于本市开展外商投资股权投资企业（QFLP）试点工作的实施办法》	合格境外有限合伙人（QFLP）：是证券市场QFII制度在股权投资领域的扩展，通过对外资机构投资者的资格审批，简化对外汇资金的监管，并允许在一定额度内结汇以人民币形式投资国内PE市场。外资资金的换汇额度最高不能超过基金募资规模的50%，其中普通合伙人的换汇上限为5%。对于QFLP的资格，要求其自有资金不少于5亿美元，管理基金规模达到50亿美元，QFLP结汇资金必须投向股权投资领域。QFLP正在试点中
	2014年上海《"十二五"时期上海国际金融中心建设规划》	合格境内有限合伙人（QDLP）：允许海外对冲基金通过在国内注册的代理基金募集人民币资金，在获批的外汇额度内，直接兑换美元进行境外投资
	2014年《深圳市人民政府办公厅转发市金融办关于开展合格境内投资者境外投资试点工作的暂行办法》	合格境内投资者境外投资（QDIE）：指在国内人民币资本项目下尚未实现自由兑换的情况下，符合条件的投资管理机构经中国境内有关部门批准，面向中国境内投资者募集资金对中国境外的投资标的进行投资的一项制度安排。在制度设计上有一些相似点。但QDII主要是面对商业银行、信托公司、证券公司、基金管理公司、保险机构和全国社会保障基金等特定机构，且投资范围一般被限定为境外证券投资，具有一定的局限性。QDIE最大优势就在于产品的投资范围扩大，除了QDII允许的投资标的，试点企业设立的境外投资主体还可投资对冲基金、私募股权基金，甚至是实物资产。QDLP看作QDIE制度的一个子集。QDIE正在试点中

续表

渠道	有关政策规定	主要内容
直接投资	2011年上海《关于本市开展外商投资股权投资企业（QFLP）试点工作的实施办法》	人民币合格境外有限合伙人（RQFLP）：RQFLP是持有离岸人民币的投资机构用人民币在试点地区设立外商股权投资企业。该试点是在合格境外有限合伙人（QFLP）的基础上，参照RQFII创新性推出来的，在申请的额度内，让合格的LP（有限合伙人）在合格的GP（普通合伙人）的管理下，能用这个额度把海外募集的人民币资金直接输入试点地区，进行各类私募股权投资。RQFLP可投资未上市公司、上市企业的非公开交易股权、可转换债券、产业基金等。RQFLP正在试点中
金融市场	2007年证监会《合格境内机构投资者境外证券投资管理试行办法》，2013年进行了修订	合格境内机构投资者（QDII）制度：境内投资者可通过购买金融机构发售的QDII产品，投资海外证券市场，但只能以人民币购买外汇形式出境，QDII利润汇回可结汇成人民币，人民币资金依托外汇流出
	2014年中国人民银行《关于人民币合格境内机构投资者境外证券投资有关事项的通知》	人民币合格境内机构投资者（RQDII）制度：以人民币开展境外证券投资的境内金融机构，其所涉及的金融机构仍延续合格境内机构投资者（QDII）制度下的四类机构，RQDII与QDII的区别主要体现在RQDII以人民币资金投资于境外人民币计价产品
	2015年证监会《香港互认基金管理暂行规定》，中国人民银行、国家外汇管理局发布《内地与香港证券投资基金跨境发行销售资金管理操作指引》	两地基金互认：央行及外管局明确了互认基金的双边规模，即所有香港基金内地发行募集资金净流出规模上限、所有内地基金香港发行募集资金净流入规模上限，初期均为等值3000亿元人民币。该规模与沪港通规模基本相当。央行及外管局鼓励内地与香港证券投资基金跨境发行销售以人民币计价，使用人民币进行跨境收付
	2006年证监会、中国人民银行、国家外汇管理局联合《合格境外机构投资者境内证券投资管理办法》	合格境外机构投资者（QFII）制度：要求外国投资者若要进入一国证券市场，必须符合一定的条件，得到该国有关部门的审批通过后汇入一定额度的外汇资金，并转换为当地货币，通过严格监管的专门账户投资当地证券市场
	2011年证监会、央行、外管局《基金管理公司、证券公司人民币合格境外机构投资者境内证券投资试点办法》	人民币合格境外机构投资者（RQFII）制度：RQFII运用其在境外募集的人民币资金在经批准的人民币投资额度内开展境内证券投资业务
	2014年证监会及香港证券及期货事务监察委员会发布联合公告	沪港通：是指香港投资者委托香港经纪商，经由联交所设立的证券交易服务公司，向上交所进行申报，买卖规定范围内的上交所上市的股票。沪港通股票范围包括上证180指数及上证380指数成份股以及上交所上市的A+H股公司股票。但是，被上交所实施风险警示的股票（即ST、*ST股票）不纳入沪股通股票；以人民币以外货币报价的股票（即B股）也不纳入沪股通股票。沪港通每年跨境交易总额度为：港股通2500亿元人民币，沪股通3000亿元人民币

续表

渠道	有关政策规定	主要内容
金融市场	2010年中国人民银行《中国人民银行关于境外人民币清算行等三类机构运用人民币投资银行间债券市场试点有关事宜的通知》	三类机构投资银行间债券市场：人民银行允许跨境人民币业务境外参加行、港澳人民币清算行和境外央行等"三类机构"运用人民币投资境内银行间债券市场
	2007年中国人民银行《境内金融机构赴香港特别行政区发行人民币债券管理暂行办法》	境内机构在境外发行人民币债券：一是通过境内公司直接在境外融资，境外发债的管理由国家发改委和外汇管理局负责。二是境外子公司直接融资，境内母公司经商务部门批准在离岸设立子公司，由母公司出具担保在境外直接发债融资
	2012年国家发改委《关于境内非金融机构赴香港特别行政区发行人民币债券有关事项的通知》	点心债券：在香港发行的、以人民币计价的债券。和中国境内的债务类金融工具不同，点心债券的发行基本上没什么管制，无论从发行者本身还是债券定价。但将资金注入境内使用，则需要得到境内监管机构的允许
	2005年中国人民银行《国际开发机构人民币债券发行管理暂行办法》，2010年进行了修订	熊猫债：是指境外机构在中国发行的以人民币计价的债券。2005年和2013年，国际金融公司和亚洲开发银行在银行间债券市场发行人民币债券。2015年9月汇丰香港、中银香港获准在银行间债券市场发行人民币债券
银行	2009年中国人民银行《跨境贸易人民币结算试点管理办法实施细则》	同业拆借：人民币清算行可按照央行有关规定从银行间同业拆借市场兑换人民币和拆借资金，而境内代理银行可以为在该行开有人民币同业往来账户的境外参加行提供人民币账户融资，用于满足账户头寸临时性需求，融资额度与期限由中国人民银行确定
	2015年中国人民银行《中国（上海）自贸试验区跨境同业存单境内发行人操作指引》	自贸区跨境同业存单：银行间大额可转让存单业务，面向区内和境外金融机构投资者发行
	2014年外汇局《跨境担保外汇管理规定》	人民币内保外贷：内保外贷是跨境担保的一种担保形式。"内保"指担保人注册地在境内履行担保义务，"外贷"指债务人和债权人注册地均在境外，在境外发生担保行为项下的贷款行为。内保外贷业务以登记为主要管理方式。担保人办理内保外贷业务，在遵守国家法律法规、行业主管部门规定及外汇管理规定的前提下，可自行签订内保外贷合同
	2011年中国人民银行《境外直接投资人民币结算试点管理办法》 2013年中国人民银行《关于简化跨境人民币业务流程和完善有关政策的通知》	人民币境外贷款：2011年10月，境内银行可以开展境外项目人民币贷款业务。2013年7月，境内银行可以开展跨境人民币贸易融资资产跨境转让业务，境内非金融机构可以开展人民币境外放款业务

续表

渠道	有关政策规定	主要内容
银行	2014年中国人民银行《中国人民银行关于跨国企业集团开展跨境人民币资金集中运营业务有关事宜的通知》	跨国资金池：具有股权关系或同由一家母公司最终控股，且由一家成员机构行使地区总部或投资管理职能的境内非金融机构，可使用人民币资金池模式向境内银行申请开展人民币资金池境外放款结算业务
	2014年外汇局《跨境担保外汇管理规定》	人民币外保内贷：在符合相关限制性条件的情况下，允许中外资企业自行签约，并允许在净资产的1倍内办理担保履约
		境外人民币境内贷款
个人	2014年外汇局海关总署《携带外币现钞出入境管理暂行办法》	现金携带：每人最多可以携带20000元人民币出入境。2012年8月香港放开对非本地居民开放人民币业务
		合格境内个人投资者（QDII2）将择机推出
官方		货币互换：截至2015年5月末，中国人民银行与32个国家和地区的中央银行或货币当局签署了双边本币互换协议，协议总规模约3.1万亿元人民币

资料来源：笔者根据公开资料整理。

附录 2

图 a、图 b、图 c、图 d、图 e、图 f、图 g、图 h、图 i、图 j 反映了不同参数设定下汇率对基本面汇率的偏离，具体分析和内容见正文第 66 页。

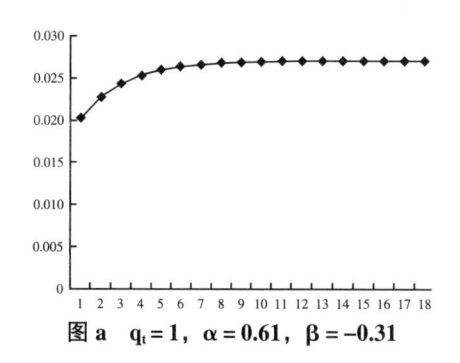

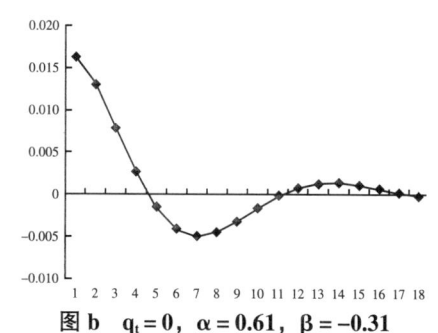

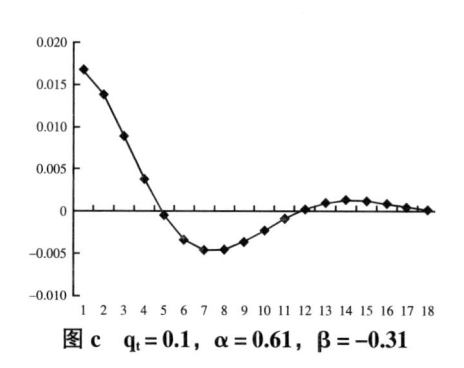

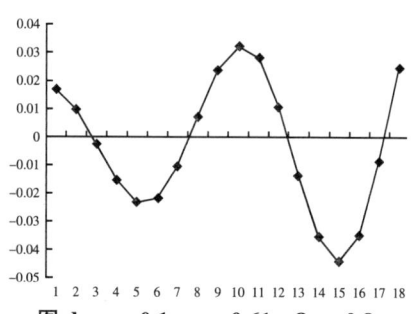

图 a　$q_t = 1$，$\alpha = 0.61$，$\beta = -0.31$

图 b　$q_t = 0$，$\alpha = 0.61$，$\beta = -0.31$

图 c　$q_t = 0.1$，$\alpha = 0.61$，$\beta = -0.31$

图 d　$q_t = 0.1$，$\alpha = 0.61$，$\beta = -0.8$

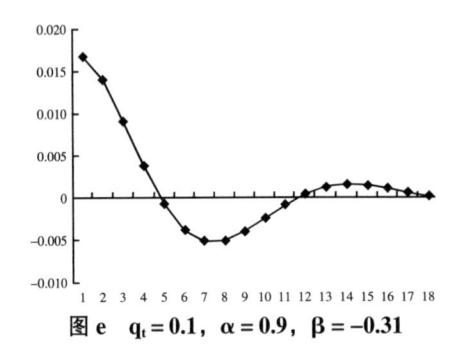

图 e　$q_t = 0.1$, $\alpha = 0.9$, $\beta = -0.31$

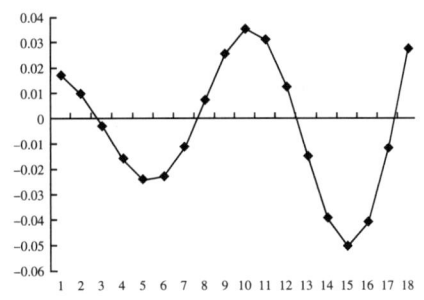

图 f　$q_t = 0.1$, $\alpha = 0.9$, $\beta = -0.8$

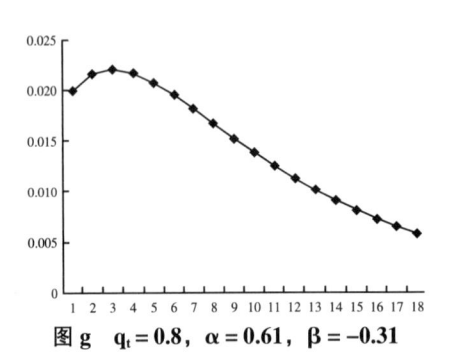

图 g　$q_t = 0.8$, $\alpha = 0.61$, $\beta = -0.31$

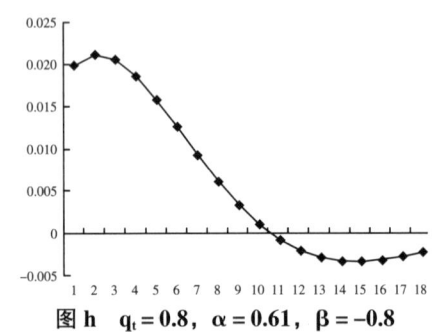

图 h　$q_t = 0.8$, $\alpha = 0.61$, $\beta = -0.8$

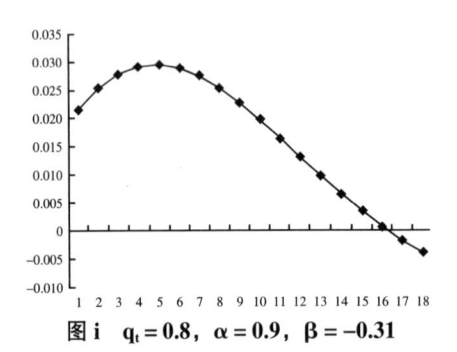

图 i　$q_t = 0.8$, $\alpha = 0.9$, $\beta = -0.31$

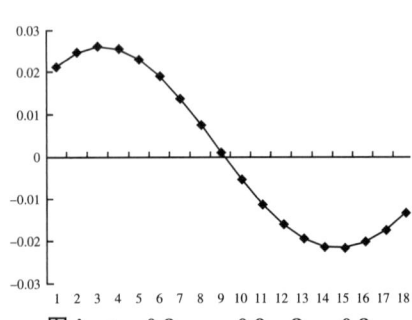

图 j　$q_t = 0.8$, $\alpha = 0.9$, $\beta = -0.8$

附录 3

1. 公式

$$\dot{e} \approx -(\bar{e} - e) \tag{A1}$$

证明：

汇率的移动平均趋势为 $MA(t) = \int_{-\infty}^{t} \omega(\mu)e(\mu)d\mu$，其中：

$\int_{-\infty}^{t} \omega(\mu)d\mu = \int_{-\infty}^{t} \exp(\mu - t)d\mu = 1$，那么根据积分法则，$MA(t)$ 可作以下展开：

$$\begin{aligned} MA(t) &= e(t) - \int_{-\infty}^{t} \exp(\mu - t) \frac{de(\mu)}{d\mu} d\mu \\ &= e(t) - \frac{de(t)}{dt} + \int_{-\infty}^{t} \exp(\mu - t) \frac{d^2 e(\mu)}{d\mu^2} d\mu \\ &= e(t) - \frac{de(t)}{dt} + \sum_{i=1}^{\infty} \frac{d^i e(t)}{dt^i} \\ &\Rightarrow \dot{e}(t) = e(t) - MA(t) + \sum_{i=2}^{\infty} \frac{d^i e(t)}{dt^i} \end{aligned}$$

假定移动平均趋势 $MA(t)$ 近似等于汇率的长期均衡值 $\bar{e}$，且忽略高阶导数的值 $\frac{d^i e(t)}{dt^i}$，那么可以由上式推出：$\dot{e} \approx -(\bar{e} - e)$，得证。

2. 命题

$$\frac{dy}{dz} = \frac{v}{\pi} = \mu\delta\left(\frac{de}{dz}\right) = \mu\delta\left[\frac{d\bar{e}}{dz} + \left(\frac{de}{dz} - \frac{d\bar{e}}{dz}\right)\right]$$

其中，$\frac{d\bar{e}}{dz} = 1$，$\frac{de}{dz} - \frac{d\bar{e}}{dz} = \frac{1 - \phi\mu\delta}{\lambda\theta + \phi\mu\delta}$，$z = m + \lambda i^*$。

证明：

根据式（6-19）和式（6-20），可得：

$$-\mu\delta \times \frac{1+\lambda\theta}{1-\phi\mu\delta}(\bar{e}-e) = (y-\bar{y}) \tag{A2}$$

根据式（6-10）和式（6-13）可得：

$$-\lambda\theta(\bar{e}-e) + \phi y = m + \lambda i^* - p \tag{A3}$$

将式（A3）代入式（A2），可得：

$$y - \frac{\lambda\theta(1-\phi\mu\delta)}{\lambda\theta+\phi\mu\delta} \times \bar{y} = \frac{\mu\delta(\lambda\theta+1)}{\lambda\theta+\phi\mu\delta}(m+\lambda i^* - p) \tag{A4}$$

令 $z = m + \lambda i^*$，面对来自 z 的外部经济冲击，根据式（A4），经济产出 y 的变化量为：

$$\frac{dy}{dz} = \left(\frac{\lambda\theta(1-\phi\mu\delta)}{\lambda\theta+\phi\mu\delta}\right)\frac{d\bar{y}}{dz} + \frac{\partial y}{\partial z}\left(\frac{dz}{dz} - \frac{dp}{dz}\right) \tag{A5}$$

由于 $\bar{y}$ 为经济体的潜在产出，因此来自 z 的外部经济冲击不能改变 $\bar{y}$，即 $\frac{d\bar{y}}{dz} = 0$，且假定价格在短期具有黏性，即 $\frac{dp}{dz} = 0$，于是得到：

$$\frac{dy}{dz} = \frac{\partial y}{\partial z} = \frac{\mu\delta(\lambda\theta+1)}{\lambda\theta+\phi\mu\delta} = \frac{v}{\pi} \tag{A6}$$

将式（A2）和式（6-17）的两边对 z 求导，可得到：

$$-\mu\delta \times \frac{\lambda\theta+1}{1-\phi\mu\delta}\left(\frac{d\bar{e}}{dz} - \frac{de}{dz}\right) = \left(\frac{\partial y}{\partial z} - \frac{d\bar{y}}{dz}\right) \tag{A7}$$

$$0 = \delta\left(\frac{d\bar{e}}{dz} - \frac{d\bar{p}}{dz}\right) + (r-1)\frac{d\bar{y}}{dz} \tag{A8}$$

假定价格在长期具有完全弹性，因此 $\frac{d\bar{p}}{dz} = 1$，又 $\frac{d\bar{y}}{dz} = 0$，那么可得：

$$\frac{d\bar{e}}{dz} = 1 \tag{A9}$$

$$\frac{de}{dz} = 1 + \frac{dy}{dz}\frac{1-\phi\mu\delta}{\mu\delta(\lambda\theta+1)} = \frac{\lambda\theta+1}{\lambda\theta+\phi\mu\delta} \tag{A10}$$

显然：

$$\frac{de}{dz} = \frac{d\bar{e}}{dz} + \frac{1-\phi\mu\delta}{\lambda\theta+\phi\mu\delta} \tag{A11}$$

最终得到：

$$\frac{dy}{dz} = \frac{v}{\pi} = \mu\delta\left[\frac{d\bar{e}}{dz} + \left(\frac{de}{dz} - \frac{d\bar{e}}{dz}\right)\right] = \mu\delta\left(1 + \frac{1-\phi\mu\delta}{\lambda\theta+\phi\mu\delta}\right) \tag{A12}$$

参考文献

陈蓉、郑振龙:《结构突变、推定预期与风险溢酬:美元/人民币远期汇率定价偏差的信息含量》,《世界经济》2009年第6期。

陈雨露、侯杰:《汇率决定理论的新近发展:文献综述》,《当代经济科学》2005年第5期。

丁剑平、俞君钛、张景煜:《从外汇市场微观结构视角看中央银行入市交易效果》,《管理世界》2006年第7期。

丁志杰、郭凯、闫瑞明:《非均衡条件下人民币汇率预期性质研究》,《金融研究》2009年第12期。

封思贤:《人民币实际有效汇率的变化对我国进出口的影响》,《数量经济技术经济研究》2007年第4期。

黄志刚、陈晓杰:《人民币汇率波动弹性空间评估》,《经济研究》2010年第5期。

刘晓辉、范从来:《人民币最优汇率制度弹性的理论模型与经验估计:基于价格稳定视角的研究》,《世界经济》2009年第2期。

林伯强:《人民币均衡实际汇率的估计与实际汇率错位的测算》,《经济研究》2002年第12期。

林伟斌、王艺明:《汇率决定与央行干预——1994至2005年的人民币汇率决定研究》,《管理世界》2009年第7期。

黎琦嘉:《人民币汇率预期与汇率波动研究》,厦门大学博士学位论文,2010年。

刘尧成、周继忠、徐晓萍:《人民币汇率变动对我国贸易差额的动态影响》,《经济研究》2010年第5期。

卢向前、戴国强:《人民币实际汇率波动对我国进出口的影响:1994-2003》,《经济研究》2005年第5期。

李晓峰、钱利珍、黎琦嘉:《人民币汇率预期的形成机制研究:基于金融机构调查数据的实证分析》,厦门大学金融系工作论文,2010。

李晓峰、魏英辉:《基于行为金融理论的中央银行外汇干预策略研究》,《南开经济研究》2009年第1期。

秦宛顺、靳云汇、卜永祥:《资本流动、定价行为与汇率制度的福利分析》,金融研究2003年第1期。

施建淮、余海丰:《人民币均衡汇率与汇率失调:1991-2004》,《经济研究》2005年第4期。

孙茂辉:《人民币自然均衡实际汇率:1978-2004》,《经济研究》2006年第11期。

孙华妤:《"不可能三角"不能作为中国汇率制度选择的依据》,《国际金融研究》2004年第8期。

姚斌:《人民币汇率制度选择的研究——基于福利的数量分析》,《经济研究》2007年第11期。

王少平、彭方平:《我国通货膨胀与通货紧缩的非线性转换》,《经济研究》2005年第8期。

魏英辉:《行为金融视角下的汇率波动特征研究》,厦门大学博士学位论文,2009年。

中国人民银行:《人民币汇率形成机制改革的目标是什么》,中国人民银行网站,http://www.pbc.gov.cn,2005年。

中国人民银行:《人民币国际化报告(2015)》,2015年6月。

[美]保罗·克鲁格曼:《萧条经济学的回归》,朱文晖、王玉清译,中国人民大学出版社1999年版。

Aizenman J. and Hausmann R., *Exchange Rate Regime and Financial-market Imperfections*, UCSC Working Papers/493, 2001.

Allen, B.Generic, "Existence of Equilibria for Economics with Uncertainty when Prices Convey Information", *Econometrica*, Vol.49, 1981, pp.1173-1199.

Allen H. and Taylor M. P., "Chartist, Noise and Fundamentals in the London Foreign Exchange Market", *Economic Journal*, Vol.100, 1990, pp.49-59.

Andrew, Carpenter. and J. Wang, *Sources of Private Information in FX Trading*, Mimeo University of New South Wales, 2003.

Barber, B. and T. Odean, "Online Investors: Do the Slow Die First?",

Review of Financial Studies, Vol.15, 2002, pp.455-488.

Barber, B. and T. Odean, "Boys will be Boys: Gender, Overconfidence and Common Stock Investment", *Quarterly Journal of Economics*, Vol.116, 2001, pp.261-292.

Barberis, N. and R. Thaler, "A Survey of Behavioral Finance", in G. Constantinides, M. Harris and R. Stulz, eds. Handbook of Financial Economics Elsevier Science, 2003, pp.1053-1121.

Bauer C., P. De Grauwe and S. Reitz, *Exchange Rate Dynamics in a Target Zone-A Heterogeneous Expectations Approach*, Deutsche Bundesbank Discussion Paper/05, 2008.

Bénassy-Quéré A., S. Larribeau and R. MacDonald, "Models of Exchange Rate Expectations: How Much Heterogeneity?", *Journal of International Financial Market, Institutions and Money*, Vol.2, 2003, pp.113-136.

Bernard, V. and J. Thomas, "Post-earnings Announcement Drift: Delayed Price Response or Risk Premium?", *Journal of Accounting Research* (Supplement), 1989, pp.1-36.

Betts, C. and Devereux M. B., "The Exchange Rate in a Model of Pricing to Market", *European Economic Review*, Vol.40, 1996.

Blanchard O. J., "Speculative Bubbles, Crashes and Rational Expectation", *Economic Letters*, Vol.3, 1979, pp.387-389.

Blume, L., Easley, D. and O'Hara, M., "Market Statistics and Technical Analysis: the Role of Volume", *Journal of Finance*, Vol.49, 1994, pp.153-181.

Brock, W. A. and Hommes, C. H., "Heterogeneous Beliefs and Routes to Chaos in a Simple Asset Pricing Model", *Journal of Economic Dynamics and Control*, Vol.22, 1998, pp.1235-1274.

Brock, W. A., Hommes, C. H. and Wagener, F. O. O., "Evolutionary Dynamics in Markets with Many Trader Types", *Journal of Mathematical Economics*, Vol.41, 2005, pp.7-42.

Calvo and Carmen Reinhart, *Fixing for Your Life*, NBER Working Paper/8006, 2000.

Calvo and Carmen Reinhart, "Fear of Floating", *Quarterly Journal of Economics*,

Vol.2, 2002, pp.379-408.

Chang Robert and Andres Velasco, "Financial Fragility and the Exchange Rate Regime", *Journal of Economic Theory*, Vol.1, 2000, pp.1-34.

Chen, J., H. Hong and J. Stein, "Breadth of Ownership and Stock Returns", *Journal of Financial Economics*, Vol.66, 2002, pp.171-205.

Chinn and Frankel, "Patterns in Exchange Rate Forecasts for Twenty-five Currencies", *Journal of Money, Credit and Bankeing*, Vol.26, 1994, pp.759-768.

Clark, P. and R. MacDonald, *Exchange Rates and Economic Fundamentals: A Methodological Comparison of BEERs and FEERs*, IMF Working Paper 98/97, 1998.

Copeland, L, "The Pound Sterling US Dollar Exchange Rate and the News", *Economics Letters*, Vol.15, 1984, pp.109-113.

Cukierman Alex., Yossi Spiegel and Leonardo Leideman, "The Choice of Exchange Rate Bands: Balancing Credibility and Flexibility", *Journal of International Economics*, Vol.2, 2004, pp.379-408.

Danker, D. J., Hass, R. A., Handerson, D. W., Symansky, S. A. and Tryon R. W., "Small Empirical Modes of Exchange Market Intervention", *Journal of Policy Modeling*, 1987, pp.147-173.

Day, R. H. and Huang, W., "Bulls, Bears and Market Sheep", *Journal of Economic Behavior & Organization*, Vol.14, 1990, pp.299-329.

De Bondt, W. and R. Thaler, "Does the Stock Market Overreact?", *Journal of Finance*, Vol.40, 1985, pp.793-808.

Deaton, A. and A. Heston, *Understanding PPPs and PPP-based National Accounts*, NBER Working Paper/14499, 2009.

De Grauwe, P. and H. Dewachter, "A Chaotic Model of the Exchange Rate: The Role of Fundamentalists and Chartists", *Open Economies Review*, Vol.4, 1993, pp.351-379.

De Grauwe, P. and M. Grimaldi, *The Exchange Rate in Behavioral Finance Framework*, Princeton, NJ: Princeton University Press, 2006.

De Grauwe P. and M. Grimaldi, "The Exchange Rate and its Fundamentals in a Complex World", *Review of International Economics*, Vol.3, 2005, pp.

549-575.

DeLong, J. B., Shleifer, A., Summers, L. H. and Waldmann, R. J., "Noise Trader Risk in Financial Markets", *Journal of Political Economy*, Vol.98, 1990, pp.703-738.

Devereux M. B. and Engel C. Fixed us, *Floating Exchange Rates: How Price Setting Affects the Optimal Choice of Exchange-rate Regime*, NBER Working Paper/6867, 1998.

Devereux M. B. and Engel C., *The Optimal Choice of Exhange-rate Regime: Price-setting Rules and Internationalized Production*, NBER Working Paper/6992, 1999.

Diether, K. B., C. J. Malloy and A. Scherbina, "Differences of Opinion and the Cross Section of Stock Returns", *Journal of Finance*, Vol.57, 2002, pp.2113-2141.

Domac Ilker and Maria Soledad Martinez Peria, *Banking Crisis and Exchange Rate Regimes: Is there a Link?*, Policy Research Working Paper/2469, 2000.

Dominguez, K., "Market Response to Coordinated Central Bank Intervention", *Camegie Rochester Conference Series on Public Policy*, 1990, pp.121-164.

Dominguez, K. and Frankel, J. A, *Foreign Exchange Intervention: An Empirical Assessment on Exchange Rates*, Massachusetts, MA: MIT Press, 1993.

Dominguez, K. M. and Frankel J. A., "Does Foreign Exchange Intervention Matter: The Portfolio Effect", *American Economic Review*, Vol.83, 1993, pp.1356-1369.

Dornbusch R., "Expectations and Exchange Rate Dynamics", *Journal of Political Economy*, Vol.6, 1976, pp.1161-1176.

Dornbusch, R., *Exchange Rate Economics: Where Do We Stand*, Massachusetts, MA: MIT Press, 1983.

Dreger C. and G. Stadtmann, "What Drives Heterogeneity in Foreign Exchange Rate Expectations: Insights from a New Survey", *International Journal of Finance and Economics*, Vol, 4, 2008, pp.360-367.

Edwards, S., "Floating Exchange Rates, Expectations and New Information", *Journal of Monetary Economics*, Vol.11, 1983, pp.321-336.

Edwards Sebastian, *Real Exchange Rates, Devaluation and Adjustment-Exchange*

Rate Policy in Developing Countries, Massachusetts, MA: MIT Press, 1989.

Ehrmann, M. and M. Fratzscher, "Exchange Rates and Fundamentals: New Evidence from Real-time Data", *Journal of International Money and Finance*, Vol.24, 2005, pp.317-341.

Eichengreen Barry, *International Monetary Arrangements for the 21th Century*, DC Brookings Institution, 1994.

Eichengreen Barry, "The Only Game in Town", *The World Today*, December, 1998.

Eichengreen Barry and A. Rose, *Staying Afloat When the Wind Shifts: External Factors and Emerging Market Banking Crisis*, NBER Working Paper/6370, 1998.

Eichengreen Barry and Ricardo Hausmann, *Exchange Rates and Financial Fragility*, Paper presented at Federal Reserve Bank of Kansas City's Conference on Issues in Monetary Policy Jackson Hole, *1999*.

Engle, C., *Exchange Rate Policies*, Federal Reserve Bank of Dallas, 2009.

Engel, C. M. and A. P. Rodrigures, "Tests of International CAPM with Time-Varying Covariances", *Journal of Applied Econometrics*, Vol.4, 1989, pp.119-138.

Esaka Taro, "De Facto Exchange Rate Regimes and Currency Crises: Are Pegged Regimes with Capital Account Liberalization Really More Prone to Speculative Attacks?", *Journal of Banking and Finance*, Vol.34, 2010, pp.1109-1128.

Evans, M., "FX Trading and Exchange Rate Dynamics", *Journal of Finance*, Vol.6, 2002, pp.2405-2447.

Evans, M. and Lyons R., "Order Flow and Exchange Rate Dynamics", *Journal of Political Economy*, Vol.110, 2002, pp.170-180.

Fama, E., "Efficient Capital Markets: A Review of Theory and Empirical Work", *Journal of Finance*, Vol.25, 1970, pp.383-417.

Faust, J., J. Roges, E. Swanson and J. Wright, *Identifying the Effects of Monetary Policy Shocks on Exchange Rates Using High Frequency Data*, International Finance Discussion Papers/739, 2002.

参考文献

Fiess and Shankar, "Determinants of Exchange Rate Regime Switching", *Journal of International Money and Finance*, Vol.28, 2009, pp.68-98.

Flood R. P., "Capital Mobility and the Choice of Exchange Rate Regime", *International Economic Review*, Vol.2, 1979, pp.405-416.

Flood R. P. and Marion, N. P., "The Transmission of Disturbances under Alternative Exchange Rate Regimes with Optimal Indexing", *Quarterly Journal of Economics*, Vol.1, 1982, pp.43-66.

Forssback J. and L. Oxelheim, *On the Link Between Exchange Rate Regimes, Capital Controls and Monetary Policy Autonomy in Small European Countries*, World Economy/29, 2006.

Fox C., Tversky A., "Ambiguity Aversion and Comparative Ignorance", *Quarterly Journal of Economics*, Vol.110, 1995, pp.585-603.

Frankel, J. A., "In Search of the Exchange Risk Premium: A Six Currency Test Assuming Mean-Variance Optimization", *Journal of International Money and Finance*, Vol.3, 1982, pp.255-274.

Frankel J. A., *No single Currency Regime is Right for All Countries of at All Times*, NBER Working Paper/7338, 1999.

Frankel, J. A. and Engel, C. M., "Do Asset Demand Functions Optimize over the Mean and Varicance of Real Returns? A Six-Currency Test", *Journal of International Economics*, Vol.17, 1984, pp.309-323.

Frankel J. A. and K. A. Froot, "Chartists, Fundamentalists, and Trading in the Foreign Exchange Market", *American Economic Review*, Vol.2, 1990, pp.181-185.

Frankel, J. A., S. L. Schmukler, and L. Serven, "Verifiability and the Vanishing Intermediate Exchange Rate Regime", *Journal of Development Economics*, Vol.66, 2001, pp.351-386.

Fratzscher Marcel, "The Euro Bloc, the Dollar Bloc and the Yean Bloc: How Much Monetary Policy Independence can Exchange Rate Flexibility Buy in an Interdependent World?", European Central Bank Working Paper, Vol.154, 2002, pp.1-43.

Frenkel, M., J. C. Rülke and G. Stadtmann, "Two Currencies, One Model? Evidence from the Wall Street Journal Forecast Poll", *Journal of International*

Financial Markets, 2008.

Ghosh, A., "Is vt Signaling? Exchange Intervention and the Dollar-deutschemark Rate", *Journal of International Economics*, 1992, pp.201-220.

Ghosh Atish, Anne-Marie Gulde and Hoger Wolf, *Currency Boards: The Ultimate Fix*, IMF Working Paper/8, 1998.

Ghosh Atish, Anne-Marie Gulde and Hoger Wolf, "Currency Boards: More than a Quick Fix?", *Economic Policy: An European Forum*, Vol.31, 2000, pp.269-335.

Ghosh Atish, Anne-Marie Gulde, Jonathan Ostry and Hoger Wolf, *Does the Nominal Exchange Rate Matter?*, NBER Working Paper/5874, 1997.

Gilbert, M., Kravis, I., *An International Comparison of National Products and the Purchasing Power of Currencies*, Paris: Organisation for European Economic Cooperation, 1954.

Goodhart, C., *News and the Foreign Exchange Market*, LSE Financial Markets Group Discussion Paper/71, 1989.

Goodhart, C. and Figliuoli, "Every Minutes Counts in the Foreign Exchange Markets", *Journal of International Money and Finance*, Vol.10, 1991, pp.23-52.

Grossman, S. J., "On the Efficiency of Competitive Stock Markets Where Traders Have Diverse Information", *Journal of Economic Theory*, Vol.31, 1976, pp.573-585.

Grossman, S. J., "Further Results on the Informational Efficiency of Competitive Stock Markets", *Journal of Economic Theory*, Vol.18, 1978, pp.81-101.

Grossman, S. J., "An Introduction to the Theory of Rational Expectations under Asymmetric Information", *Review of Economic Studies*, Vol.48, 1981, pp.541-559.

Grossman, S. J. and J. E. Stiglitz, "Informational and Competitive Price System", *American Economic Review*, Vol.66, 1976, pp.246-254.

Granger, C. W. J. and Terasvirta, *Modeling Nonlinear Economic Relationships*, Oxford: Oxford University Press, 1993.

Haile F. D. and Pozo S., "Exchange Rate Regime and Currency Crises: An Evaluation Using Extreme Value Theory", *Review of International Economics*,

Vol.14, 2006, pp. 554-570.

Hamilton, J., "A New Approach to the Economic Analysis of Non-stationary Time Series and the Business Cycle", *Econometrica*, Vol.2, 1989, pp. 357-384.

Hamilton, J., *Time Series Analysis*, Princeton, NJ: Princeton, University Press, 1996.

Harrison, M. and D. Kreps, "Speculative Investor Behavior in a Stock Market with Heterogeneous Expectations", *Quarterly Journal of Economics*, Vol. 92, 1978, pp.323-336.

Hau H., *Real Exchange Volatility and Economic Openness Theory and Evidence*, France: Mineo ESSEC, 1998.

Hausman Ricardo, Michael Gavin, Carmen Pages and Ernest to Stein, *Financial Turmoil and the Choice of Exchange Rate Regime*, Inter-American Development Bank, 1999.

Heath C., Tversky A., "Preference and Belief: Ambiguity and Competence in Choice under Uncertainty", *Journal of Risk and Uncertainty*, Vol.4, 1991, pp.5-28

Hellwig, M., "Rational Expectations Equilibrium with Conditioning on Past Prices: A Mean-variance Example", *Journal of Economic Theory*, Vol. 26, 1982, pp.279-312.

Helpman E., "An Exploration in the Theory of Exchange Rate Regimes", *Journal of Political Economy*, Vol.5, 1981, pp.865-890.

Helpman E. and Razin A., "Towards a Consistent Comparison of Alternative Exchange Rate Regime", *The Canadian Journal of Economics*, Vol.3, 1979, pp.394-409.

Helpman E. and Razin A., "A Comparison of Exchange Rate Regimes", *International Economic Review*, Vol.2, 1982, pp.365-388.

Hewson J. and E. Sakakibara, "The Euro Dollar Deposit Multiplier: A Portfolio Approach", *IMF Staff Papers*, Vol.21, No.2, 1974, pp.307-328.

Hommes, Cars, *Heterogeneous Agent Models in Economics and Finance*, Tinbergen Institute Discussion Paper, 2005.

Hong, H., J. Scheinkman and W. Xiong, "Asset Float and Speculative

Bubbles", *Journal of Finance*, Vol.61, 2006, pp.1073–1117.

Hongyi Li and G.S. Maddala, "Bootstrapping Cointegrating Regressions", *Journal of Econometrics*, Vol.80, 1997, pp.297–318.

Huang R., D., "The Monetary Approach to Exchange Rate in an Efficient Foreign Exchange Market Tests Based on Volatility", *Journal of Finance*, Vol.36, 1981, pp.31–41.

Humpage, Owen, *Dollar Intervention and the Deutschemark-Dollar Exchange Rate: A Daily Time Series Model*, Federal Reserve Band of Clevel and Working Paer/8404, 1989.

Husain A. M., Mody A. and Rogoff K. S., "Exchange Rate Regime Durability and Performance in Developing Versus Advanced Economies", *Journal of Monetary Economics*, Vol.52, 2005, pp.35–64.

Ito T., "Foreign Exchange Rate Expectation: Micro Survey Data", *American Economic Review*, Vol.3, 1990, pp.434–449.

Ito T. and Roley, V., "Intraday yen/dollar Exchange Rate Movements News or Noise?", *Journal of International Financial Markets, Institutions and Money*, Vol.1, 1990.

Jegadeesh, N. and S. Titman, "Returns to Buying Winners and Selling Losers: Implications for Stock Market Efficiency", *Journal of Finance*, Vol.48, 1993, pp.65–91.

Jordan, J. S., "Convergence to Rational Expectations in a Stationary Linear Game", *Review of Economic Studies*, Vol.59, 1992, pp.5109–5123.

Julier, S. and Uhlmann, J., "Unscented Filtering and Nonlinear Transformation", *IEEE Review*, Vol.3, 2004, pp.401–422.

Kahneman, D. and A. Tversky, "Judgment under Uncertainty: Heuristics and Biases", *Science*, Vol.185, 1974, pp.1124–1131.

Keynes J. M., *The General Theory of Unemployment, Interest and Money*, New York: Harcourt, Brace and World, 1936.

Krasker, W. S., "The Peso Problem in Testing the Efficiency of Forward Exchange Markets", *Journal of Monetary Economics*, Vol.6, 1980, pp.269–276.

Kravis, I. B., A. Heston and R. Summers, *International Comparisons of Real*

Product and Purchasing Power, Baltimore: The Johns Hopkins University Press, 1978.

Kearney, C. and MacDonald, R., "Intervention and Sterilization under Floating Exchange Rates: The UK1973-1983", *European Economic Review*, 1986, pp.345-364.

Klein, M. and Rosengren, E., "Foreign Exchange Intervention as a Signal of Monetary Policy", *New England Economic Review*, Vol.5, 1991, pp.39-50.

Klopstock, F. H., *The Eurodollar Market: Some Unresolved Issues*, Essays in International Finance/65, 1968.

Krugman P., "What Happened to Asia", 1998, http://web.mit.edu/krugman.

Levich, R. M. and L. R. Thomas, "The Significance of Technical Trading-Rule Profits in the Foreign Exchange Market: A Bootstrap Approach", *Journal of International Money and Finance*, Vol.12, 1993.

Lee Boyden E., "The Euro-Dollar Multiplier", *Journal of Finance*, Vol.28, No.4, 1973, pp.867-874.

Levy-Yeyati Eduardo and Federico Sturzenegger, "Exchange Rate Regimes and Economic Performance", 2000, http://www.tudt.edu/fsturzen/erandec.

Levy-Yeyati Eduardo and Federico Sturzenegger, "To Float or to Trail: Evidence on the Impact of Exchange Rate Regimes", Mimeo, 2001, http://www.tudt.edu/fsturzen/publication.htm.

Lewis, M. E., Representation and Leaning in Information Retrieval, PhD. Thesis, University of Massachusetts Amherst, US, 1992.

Loopesko, B. E., "Relationships Among Exchange Rates, Intervention and the Interest Rates: An Empirical Investigation", *Journal of International Money and Finance*, 1984, pp.257-277.

Lothinan, James R. and Mark P. Taylor, "Purchasing Power Parity over Two Centuries: Strengthening the Case for Real Exchange Rate Stability", *Journal of International Money and Finance*, Vol.19, No.5, 2000.

Luukkonen, R., Saikkonen, P., Terasvirta, T., "Testing Linearity against Smooth Transition Autoregression", *Biometrika*, Vol.75, 1988a, pp.491-499.

Lux, T., "Herd Behavior, Bubbles and Crashes", *The Economic Journal*, Vol.105, 1995, pp.881-896.

Lux, T., "Time Variation of Second Moments from a Noise Trader/infection Model", *Journal of Economic Dynamics and Control*, Vol.22, 1997, pp.1–38.

Lux, T., "The Socio-economic Dynamics of Speculative Markets: Interacting Agents, Chaos, and the Fat Tails of Return Distribution", *Journal of Economic Behavior & Organization*, Vol.33, 1998, pp.143–165.

Lux, T. and Marchesi, M., "Volatility Clustering in Financial Markets: A Micro-simulation of Interacting Agents", *International Journal of Theoretical and Applied Finance*, Vol.3, 2000, pp.675–702.

Lyons. R., "Test of Micro-structural Hypotheses in the Foreign Exchange Market", *Journal of Financial Economics*, Vol.39, 1995, pp.321–351.

MacDonald R. and I. W. Marsh, "Currency Forecasters are Heterogeneous: Confirmation and Consequences", *Journal of International Money and Finance*, Vol.5, 1996, pp.665–685.

MacDonald and Taylor, "Foreign Exchange Market Efficiency and Cointegration", *Economics Letters*, Vol.29, 1989, pp.111–128

Maenhout, P., *Robust Portfolio Rules and Asset Pricing*, INSEAD, Working Paper, 1999.

Makin J. H., "Demand and Supply Functionsfor Stocks of Euro Dollar Deposits: An Empirical Study", *Review of Economics and Statistics*, Vol.54, 1972, pp.381–391.

Manzan S. and F. Westerhoff, "Heterogeneous Expectation, Exchange Rate Dynamics and Predictability", *Journal of Economic Behavior*, Vol.1, 2007, pp.111–128.

Meese, R. A. and K. Rogoff, "Empirical Exchange Rate Models of the Seventies: Do They Fit Out of Sample?", *Journal of International Economics*, Vol.14, 1983, pp.3–24.

Miller, E. Risk, "Uncertainty and Divergence of Opinion", *Journal of Finance*, Vol.32, 1977, pp.1151–1168.

Mundell R. A., "Capital Mobility and Stabilization Policy under Fixed and Flexible Exchange Rate", *Canadian Journal of Economics and Political Science*, Vol.11, 1963.

Murphy, A, "Optimal Properties of Exponentially Weighted Forecasts", *Journal of the American Statistical Association*, Vol.17, 2008, pp.299-306.

Mussa, M., *Empirical Regularities in the Behavior of Exchange Rate and Theories of the Foreign Exchange Market*, Rochester: Carnegie-Rochester Conference Series on Public Policy, 1979.

Mussa, M., *The Role of Official Intervention*, Group of Thirty Occasional Paper/6, 1981.

Nativida, F. and Stone, J., "A General Equilibrium Model of Exchange Market Intervention with Variable Sterilization", *Journal of International Economics*, 1990, pp.133-145.

Neuberg L., P. Protin and C. Louargant, *From Heterogeneous Expectations to Exchange Rate Dynamics*, SCE Working Paper/310, 2004.

Nurkse, R., *Conditions of International Monetary Equilibrium, Essays in International Finance*, Princeton, NJ: Princeton University Press, 1945.

Obstefld, M., "Exchange Rates, Inflation, and the Sterilization Problem", *European Economic Review*, Vol.21, 1983, pp.161-189.

Obstfeld M. and Rogoff K., "Exchange Rate Dynamics Redux", *Journal of Political Economy*, Vol.3, 1995, pp.624-660.

Obstfeld, M. and Rogoff, K., *Risk and Exchange Rates*, NBER Working Papers/6694, 1995.

Obstfeld, M. and Rogoff, R., *The Six Major Puzzles in International Macroeconomics: Is There A Common Cause*, Cambridge: Cambridge MA, 2000.

Obstfeld, M., Shambaugh, J. C. and Taylor, A. M., *The Trilemma in History: Tradeoffs among Exchange Rates, Monetary Policies and Capital Mobility*, NBER Working Papers/10396, 2003.

Odean, T., "Do Investors Trade Too Much?", *American Economic Review*, Vol.89, 1999, pp.1279-1298.

Okunev, J. and White, D., "Do Momentum-based Strategies Still Work in Foreign Currency Markets", *Journal of Financial and Quantitative Analysis*, Vol.2, 2003, pp.425-457.

Olivier Jeanne and Andrew K. Rose, "Noise Trading and Exchange Rate Regime", *The Quarterly Journal of Economics*, Vol.2, 2002, pp.537-569.

Osterberg, W. P., "New Results on the Rationality of Survey Measures of Exchange Rate Expectation", *Economic Review*, 2000 (QI), pp.14–21.

Petreski Marjan, *Analysis of Exchange-Rate Regime Effect on Growth: Theoretical Channels and Empirical Evidence with Panel Data*, The open–Access, Open-Assessment E-journal Discussion Paper/49, 2009.

Raj, M., "Transaction Data Tests of Efficiency in the Singapore Futures Markets", *Journal of Futures Markets*, Vol.20, 2000.

Rogoff, Kenneth, "The Purchasing Power Parity Puzzle", *Journal of Economic Literature*, Vol.34, No.2, 1996.

Rogoff K., "On the Effects of Sterilized Intervention: An Analysis of Weekly Data", *Journal Monetary Economics*, 1984, pp.133–150.

Rogoff K. S., Husain Mody, A., Brooks, R. and Oomes, N., *Evolution and Performance of Exchange Rate Regimes*, International Monetary Fund Occasional Paper/299, 2004.

Reinhart Carmen M. and Kenneth Rogoff, "The Modern History of Exchange Rate Arrangements: A Reinterpretation", *Quarterly Journal of Economics*, Vol.119, 2004, pp.1–48.

Scalia, Antonio, "Is Foreign Exchange Intervention Effective? Some Micro-analytical Evidence from the Czech Republic", *Journal of International Money and Finance*, Vol.27, 2008, pp.529–546.

Scheinkman, J. and W. Xiong, "Overconfidence and Speculative Bubbles", *Journal of Political Economy*, Vol.111, 2003, pp.1183–1219.

Shiller, R., "Do Stock Prices Move Too Much to Be Justified by Subsequent Changes in Dividends?", *American Economic Review*, Vol.71, 1981, pp.421–436.

Shleifer, A., *Inefficient Markets: An Introduction to Behavioral Finance*, Oxford: Oxford University Press, 2000.

Stein, Jerome L., Polly Reynolds Allen and Associates, *Fundamental Determinants of Exchange Rates*, Oxford: Oxford University Press, 1995.

Takagi, *Exchange Rate Expectations A Survey of Survey Studies*, IMF Staff Papers/388/1, 1991.

Turnovsky S. J., "The Relative Stability of Alternative Exchange Rate Systems in the Presence of Random Disturbances", *Journal of Money, Credit and Banking*, Vol.1, 1976, pp.29-50.

Takagi, *Exchange Rate Expectations A Survey of Survey Studies*, IMF Staff Papers/1, 1991.

Vershoorand, Wolff, "Scandinavian Exchange Rate Expectations", *Applied Economics Letter*, Vol.9, 2002, pp.111-116.

Weber W. E., "Output Variability and Monetary Policy and Exchange Rate Rules", *Journal of Political Economy*, Vol.4, 1981, pp.733-751.

Williamson, J., *The Exchange Rate System*, Washington, D.C: Institute for International Economics, 1983.

World Bank, *Global Purchasing Power Parties and Real Expenditures*: 2005, International Comparison Program, 2008.

Zeeman, E. C., "The Unstable Behavior of Stock Exchange", *Journal of Mathematical Economics*, Vol.1, 1974, pp.39-49.

索 引

B

比索问题 35，36

D

Dornbusch 模型 11
丁伯根法则 111，112
订单流 3，37，60

F

非理性预期 5

G

购买力平价 32，78，81，82，84，87，102，116
国际收支理论 32

H

汇率波动区间 1，2，7，8，9，11，12，15，65，91，94，97，98，100，102，103，104，105，106，107，108，109，110，115，116，120，121，122，123，124，127，128，129，130，131，132，134，135，137，138

汇率决定理论 2，3，4，5，8，9，12，27，32，33，34，36，37，38，39，40，44，47，98，147

汇率均衡 6，73，74，75，77，78，79，80，81，82，83，85，87，89，115，133，137

汇率政策 2，6，53，54，68，70，74，75，90，93，98，110，111，132，138

汇率制度 1，2，3，4，6，7，8，9，12，13，15，17，18，19，20，21，23，25，26，38，39，44，49，55，63，67，70，74，75，76，80，85，91，92，93，94，95，96，97，98，100，104，108，109，110，111，112，113，114，115，122，123，124，125，126，127，131，133，134，136，137，138，147，148

货币政策 5，7，8，9，11，12，13，15，26，57，59，60，94，95，111，112，113，114，115，116，117，118，119，120，121，122，123，124，125，127，128，129，130，132，134，135，137，138

货币政策独立性 7，8，9，11，12，26，94，95，112，113，114，115，116，117，119，120，121，122，123，124，125，

· 163 ·

127，128，129，130，132，134，135，137，138

J

基本面分析者　3，4，31，32，37，38，39，40，43，44，48，49，51，52，53，54，61，62，65，66，67，68，69，70，74，75，98，99，102，116，132，133，136
技术分析者　3，4，31，32，37，38，39，40，41，43，48，51，52，53，54，55，61，62，65，66，67，68，70，74，75，78，98，99，102，103，104，106，108，109，116，120，121，122，123，132，133，134，135，136

L

利率平价　32，44，45，49，99

M

Mundell–Fleming 模型　111，112
米德冲突　111，112

Q

前景理论　4，30，31

R

人民币 CFETS 指数　16
人民币 NDF　19
人民币掉期　17，18
人民币国际化　1，9，12，20，23，24，26，138，148
人民币汇率　1，2，4，5，6，7，8，9，10，11，12，13，14，15，16，17，18，19，20，21，23，25，26，29，31，33，35，37，39，40，41，43，45，47，49，51，53，54，55，57，59，60，61，63，64，65，66，67，69，70，71，73，74，75，77，79，81，82，83，84，85，86，87，88，89，90，92，95，97，98，107，108，109，110，128，129，130，131，132，133，135，136，137，138，147，148
人民币期货　19，20
人民币远期　17，18

S

SDR　23，26
三元悖论　9，11，94，95，111，112，114，115，116，119，120，123，124，128，129，130，132，134，135

U

Unscented 卡尔曼滤波　44，45，47，48，107

W

外汇市场　1，2，3，4，5，6，8，9，10，11，12，14，15，18，19，20，21，32，33，34，35，36，37，38，39，40，41，42，43，44，45，48，49，51，53，54，55，57，58，60，61，62，63，65，66，

67，68，69，70，73，74，75，76，80，90，98，99，100，102，103，104，105，106，107，109，110，112，115，121，122，131，132，133，134，135，136，137，138，147

微观结构理论　3，37，60

微观市场结构渠道　5，6，10，57，60，131

无关性之谜　3，33，34，36，98

X

行为金融　2，3，4，5，6，8，9，10，11，12，19，27，29，30，31，32，33，34，35，37，39，40，41，43，45，47，49，51，53，54，55，57，59，60，61，63，65，67，69，71，73，75，77，79，81，83，85，87，89，91，93，95，97，98，99，101，103，105，107，109，111，113，115，117，119，121，123，125，127，129，131，132，148

新闻模型　2，35

信号渠道　5，6，10，57，59，60，115，131

Y

央行干预　2，4，5，6，10，11，12，43，44，45，47，49，54，57，58，59，60，61，62，63，64，65，66，67，68，69，70，71，73，74，75，76，77，78，79，80，81，83，85，86，87，88，89，90，100，102，104，106，109，112，116，121，122，123，124，131，132，133，136，137，147

异质性预期　3，4，8，43，48，54，70，132，133，137

有效市场假说　5，27，28，29，35

Z

中间汇率制度消失论　7，97，98，104，134

资产组合平衡渠道　5，58

后 记

本书汇集了笔者数年来有关人民币汇率制度改革研究的思考，得到国家自然科学基金青年项目（批准号：71703165）和国家社会科学基金青年项目（批准号：15CGL012）的资助，仅代表个人学术观点，不代表所在机构意见。部分内容已公开发表在《经济研究》《管理科学学报》《金融研究》《中央财经大学学报》等学术刊物上，并获得中国金融学会全国优秀金融论文三等奖、福建省金融学会优秀科研成果二等奖等学术奖励。

诚挚感谢我的博士生导师厦门大学李晓峰教授，博士后导师上海黄金交易所焦瑾璞理事长对我的悉心培养和指导，他们是我的学术引路人，就像灯塔一样，不断指引着我前行。衷心感谢我国著名经济金融学家、厦门大学国家级金融重点学科学术总带头人张亦春教授，以及中国证券登记结算有限公司姚前总经理，国家外汇管理局陆磊副局长，中国人民银行研究局王宇巡视员，中国人民银行研究局法律处陈继明处长，中国人民银行办公厅政策研究处傅勇处长，中国互联网金融协会统计分析部张黎娜副主任等领导及同仁对我学术研究工作的勉励、教导和帮助。中国人民银行哈尔滨中心支行杨志宏博士在本书写作过程中给予的大力帮助和支持，在此一并表示诚挚的谢意。

专家推荐表

第七批《中国社会科学博士后文库》专家推荐表 1

推荐专家姓名	李晓峰 教授、博士生导师	行政职务	
研究专长	国际金融学	电话	
工作单位	厦门大学金融系	邮编	
推荐成果名称	行为金融视角下的人民币汇率形成机理及最优波动区间研究		
成果作者姓名	陈华		

（对书稿的学术创新、理论价值、现实意义、政治理论倾向及是否达到出版水平等方面做出全面评价，并指出其缺点或不足）

汇改以来，人民币汇率形成机制的市场化程度不断提高，因此在关于人民币汇率形成机制及相关议题的研究中，应更加重视市场交易者的行为对汇率形成机制的影响作用。基于此，陈华博士的著作首次应用行为金融学的理论和方法对人民币汇率决定、央行外汇干预渠道和最优汇率波动区间进行研究。

首先，该书系统、翔实地梳理和评析了已有相关文献，并对人民币汇率制度改革的现实状况进行了全面考察。在此基础上，该书基于行为金融视角开创性地构建了基于行为金融视角的人民币汇率决定模型，并提出相应的实证检验方法。其次，该书对央行干预理论进行了深入的拓展，一是首次提出央行干预的第四个渠道——交易者异质性渠道，构建了可检验央行干预对汇率变动的影响效力的实证框架；二是首次在理论上研究央行干预对汇率失调的影响，并实证评价央行干预对人民币汇率失调的影响，有力回答了一直以来国际上某些国家或机构对人民币汇率政策的质疑。最后，该书创新性地将交易者异质性假定引入传统宏观经济模型，分别从宏观经济稳定性和货币政策独立性的标准对汇率最优波动区间进行研究，首次发现了汇率波动区间的非最优波动区域——"中间陷阱"的存在，并对"三元悖论"的可能之解以及其无法被经验事实有力支持的现象进行了深入的探析。

总之，该书丰富了汇率决定理论、央行干预理论和汇率制度选择理论，学术创新价值明显，并对当前我国人民币汇率政策和制度改革具有重要的现实指导意义，已达到出版水平。我郑重推荐该书入选《中国社会科学博士后文库》。

签字：李晓峰

2018 年 1 月 3 日

说明：该推荐表由具有正高职称的同行专家填写。一旦推荐书稿入选《博士后文库》，推荐专家姓名及推荐意见将印入著作。

第七批《中国社会科学博士后文库》专家推荐表 2

推荐专家姓名	张亦春 教授、博士生导师	行政职务	
研究专长	货币金融理论与政策	电话	
工作单位	厦门大学金融系	邮编	
推荐成果名称	行为金融视角下的人民币汇率形成机理及最优波动区间研究		
成果作者姓名	陈华		

（对书稿的学术创新、理论价值、现实意义、政治理论倾向及是否达到出版水平等方面做出全面评价，并指出其缺点或不足）

陈华博士对行为金融视角下的人民币汇率形成机制和央行干预策略及其效应进行了长期深入的研究，取得了一系列高水平研究成果，最终形成了该篇著作。

该书的现实意义突出。自 2005 年汇改以来，人民币汇率形成的市场化程度不断提高，基于这样的现实背景，存在两方面重要问题需要思考和回答：一是市场化程度提高后，交易者的行为对人民币汇率产生怎样的影响；二是当前的人民币汇率波动区间是否最优；如何进行评价。此外，一直以来，虽然我国明确表示汇率政策的目的在于保持人民币汇率在合理、均衡水平上的基本稳定，并且 2005 年汇改后人民币汇率升值幅度达 40%，但国际社会对人民币汇率政策的质疑依然存在，那么我国央行干预到底是推动，还是延缓或阻碍了人民币汇率更加均衡？该书的研究很好地回答了上述问题，为我们理解和把握汇改后人民币汇率形成机理及央行干预效力提供了严谨的理论依据和现实指导，尤其是，该书有力回答了一直以来国际上某些国家或机构对人民币汇率政策的质疑，为我国人民币汇率制度改革提供理论自信和道路自信。

同时，该书的学术贡献显著，创新价值重大。表现在首次将行为金融学引入人民币汇率决定及最优波动区间选择的研究，并首次提出央行干预的交易者异质性渠道，而且创新地基于交易者异质性角度，对"三元悖论"的可能解进行了探析等。

我认为，该书达到出版水平，郑重推荐该书入选《中国社会科学博士后文库》。

签字：张亦春

2018 年 1 月 3 日

说明：该推荐表由具有正高职称的同行专家填写。一旦推荐书稿入选《博士后文库》，推荐专家姓名及推荐意见将印入著作。

经济管理出版社 《中国社会科学博士后文库》 成果目录

第一批《中国社会科学博士后文库》（2012年出版）		
序号	书　名	作者
1	《"中国式"分权的一个理论探索》	汤玉刚
2	《独立审计信用监管机制研究》	王　慧
3	《对冲基金监管制度研究》	王　刚
4	《公开与透明：国有大企业信息披露制度研究》	郭媛媛
5	《公司转型：中国公司制度改革的新视角》	安青松
6	《基于社会资本视角的创业研究》	刘兴国
7	《金融效率与中国产业发展问题研究》	余　剑
8	《进入方式、内部贸易与外资企业绩效研究》	王进猛
9	《旅游生态位理论、方法与应用研究》	向延平
10	《农村经济管理研究的新视角》	孟　涛
11	《生产性服务业与中国产业结构演变关系的量化研究》	沈家文
12	《提升企业创新能力及其组织绩效研究》	王　涛
13	《体制转轨视角下的企业家精神及其对经济增长的影响》	董　昀
14	《刑事经济性处分研究》	向　燕
15	《中国行业收入差距问题研究》	武　鹏
16	《中国土地法体系构建与制度创新研究》	吴春岐
17	《转型经济条件下中国自然垄断产业的有效竞争研究》	胡德宝

第二批《中国社会科学博士后文库》(2013年出版)

序号	书 名	作 者
1	《国有大型企业制度改造的理论与实践》	董仕军
2	《后福特制生产方式下的流通组织理论研究》	宋宪萍
3	《基于场景理论的我国城市择居行为及房价空间差异问题研究》	吴 迪
4	《基于能力方法的福利经济学》	汪毅霖
5	《金融发展与企业家创业》	张龙耀
6	《金融危机、影子银行与中国银行业发展研究》	郭春松
7	《经济周期、经济转型与商业银行系统性风险管理》	李关政
8	《境内企业境外上市监管若干问题研究》	刘 轶
9	《生态维度下土地规划管理及其法制考量》	胡耘通
10	《市场预期、利率期限结构与间接货币政策转型》	李宏瑾
11	《直线幕僚体系、异常管理决策与企业动态能力》	杜长征
12	《中国产业转移的区域福利效应研究》	孙浩进
13	《中国低碳经济发展与低碳金融机制研究》	乔海曙
14	《中国地方政府绩效评估系统研究》	朱衍强
15	《中国工业经济运行效益分析与评价》	张航燕
16	《中国经济增长：一个"被破坏性创造"的内生增长模型》	韩忠亮
17	《中国老年收入保障体系研究》	梅 哲
18	《中国农民工的住房问题研究》	董 昕
19	《中美高管薪酬制度比较研究》	胡 玲
20	《转型与整合：跨国物流集团业务升级战略研究》	杜培枫

第三批《中国社会科学博士后文库》（2014年出版）

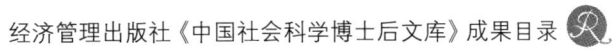

序号	书　名	作　者
1	《程序正义与人的存在》	朱　丹
2	《高技术服务业外商直接投资对东道国制造业效率影响的研究》	华广敏
3	《国际货币体系多元化与人民币汇率动态研究》	林　楠
4	《基于经常项目失衡的金融危机研究》	匡可可
5	《金融创新及其宏观效应研究》	薛昊旸
6	《金融服务县域经济发展研究》	郭兴平
7	《军事供应链集成》	曾　勇
8	《科技型中小企业金融服务研究》	刘　飞
9	《农村基层医疗卫生机构运行机制研究》	张奎力
10	《农村信贷风险研究》	高雄伟
11	《评级与监管》	武　钰
12	《企业吸收能力与技术创新关系实证研究》	孙　婧
13	《统筹城乡发展背景下的农民工返乡创业研究》	唐　杰
14	《我国购买美国国债策略研究》	王　立
15	《我国行业反垄断和公共行政改革研究》	谢国旺
16	《我国农村剩余劳动力向城镇转移的制度约束研究》	王海全
17	《我国吸引和有效发挥高端人才作用的对策研究》	张　瑾
18	《系统重要性金融机构的识别与监管研究》	钟　震
19	《中国地区经济发展差距与地区生产率差距研究》	李晓萍
20	《中国国有企业对外直接投资的微观效应研究》	常玉春
21	《中国可再生资源决策支持系统中的数据、方法与模型研究》	代春艳
22	《中国劳动力素质提升对产业升级的促进作用分析》	梁泳梅
23	《中国少数民族犯罪及其对策研究》	吴大华
24	《中国西部地区优势产业发展与促进政策》	赵果庆
25	《主权财富基金监管研究》	李　虹
26	《专家对第三人责任论》	周友军

第四批《中国社会科学博士后文库》（2015 年出版）

序号	书 名	作 者
1	《地方政府行为与中国经济波动研究》	李 猛
2	《东亚区域生产网络与全球经济失衡》	刘德伟
3	《互联网金融竞争力研究》	李继尊
4	《开放经济视角下中国环境污染的影响因素分析研究》	谢 锐
5	《矿业权政策性整合法律问题研究》	郗伟明
6	《老年长期照护：制度选择与国际比较》	张盈华
7	《农地征用冲突：形成机理与调适化解机制研究》	孟宏斌
8	《品牌原产地虚假对消费者购买意愿的影响研究》	南剑飞
9	《清朝旗民法律关系研究》	高中华
10	《人口结构与经济增长》	巩勋洲
11	《食用农产品战略供应关系治理研究》	陈 梅
12	《我国低碳发展的激励问题研究》	宋 蕾
13	《我国战略性海洋新兴产业发展政策研究》	仲雯雯
14	《银行集团并表管理与监管问题研究》	毛竹青
15	《中国村镇银行可持续发展研究》	常 戈
16	《中国地方政府规模与结构优化：理论、模型与实证研究》	罗 植
17	《中国服务外包发展战略及政策选择》	霍景东
18	《转变中的美联储》	黄胤英

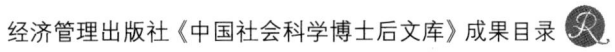

经济管理出版社《中国社会科学博士后文库》成果目录

第五批《中国社会科学博士后文库》(2016年出版)

序号	书　名	作　者
1	《财务灵活性对上市公司财务政策的影响机制研究》	张玮婷
2	《财政分权、地方政府行为与经济发展》	杨志宏
3	《城市化进程中的劳动力流动与犯罪：实证研究与公共政策》	陈春良
4	《公司债券融资需求、工具选择和机制设计》	李　湛
5	《互补营销研究》	周　沛
6	《基于拍卖与金融契约的地方政府自行发债机制设计研究》	王治国
7	《经济学能够成为硬科学吗?》	汪毅霖
8	《科学知识网络理论与实践》	吕鹏辉
9	《欧盟社会养老保险开放性协调机制研究》	王美桃
10	《司法体制改革进程中的控权机制研究》	武晓慧
11	《我国商业银行资产管理业务的发展趋势与生态环境研究》	姚　良
12	《异质性企业国际化路径选择研究》	李春顶
13	《中国大学技术转移与知识产权制度关系演进的案例研究》	张　寒
14	《中国垄断性行业的政府管制体系研究》	陈　林

第六批《中国社会科学博士后文库》(2017年出版)

序号	书 名	作 者
1	《城市化进程中土地资源配置的效率与平等》	戴媛媛
2	《高技术服务业进口技术溢出效应对制造业效率影响研究》	华广敏
3	《环境监管中的"数字减排"困局及其成因机理研究》	董 阳
4	《基于竞争情报的战略联盟关系风险管理研究》	张 超
5	《基于劳动力迁移的城市规模增长研究》	王 宁
6	《金融支持战略性新兴产业发展研究》	余 剑
7	《清乾隆时期长江中游米谷流通与市场整合》	赵伟洪
8	《文物保护经费绩效管理研究》	满 莉
9	《我国开放式基金绩效研究》	苏 辛
10	《医疗市场、医疗组织与激励动机研究》	方 燕
11	《中国的影子银行与股票市场:内在关联与作用机理》	李锦成
12	《中国应急预算管理与改革》	陈建华
13	《资本账户开放的金融风险及管理研究》	陈创练
14	《组织超越——企业如何克服组织惰性与实现持续成长》	白景坤

经济管理出版社《中国社会科学博士后文库》成果目录

第七批《中国社会科学博士后文库》（2018年出版）		
序号	书　名	作　者
1	《行为金融视角下的人民币汇率形成机理及最优波动区间研究》	陈　华
2	《设计、制造与互联网"三业"融合创新与制造业转型升级研究》	赖红波
3	《复杂投资行为与资本市场异象——计算实验金融研究》	隆云滔
4	《长期经济增长的趋势与动力研究：国际比较与中国实证》	楠　玉
5	《流动性过剩与宏观资产负债表研究：基于流量存量一致性框架》	邵　宇
6	《绩效视角下我国政府执行力提升研究》	王福波
7	《互联网消费信贷：模式、风险与证券化》	王晋之
8	《农业低碳生产综合评价与技术采用研究——以施肥和保护性耕作为例》	王珊珊
9	《数字金融产业创新发展、传导效应与风险监管研究》	姚　博
10	《"互联网+"时代互联网产业相关市场界定研究》	占　佳
11	《我国面向西南开放的图书馆联盟战略研究》	赵益民
12	《全球价值链背景下中国服务外包产业竞争力测算及溢出效应研究》	朱福林
13	《债务、风险与监管——实体经济债务变化与金融系统性风险监管研究》	朱太辉

《中国社会科学博士后文库》
征稿通知

　　为繁荣发展我国哲学社会科学领域博士后事业，打造集中展示哲学社会科学领域博士后优秀研究成果的学术平台，全国博士后管理委员会和中国社会科学院共同设立了《中国社会科学博士后文库》（以下简称《文库》），计划每年在全国范围内择优出版博士后成果。凡入选成果，将由《文库》设立单位予以资助出版，入选者同时将获得全国博士后管理委员会（省部级）颁发的"优秀博士后学术成果"证书。

　　《文库》现面向全国哲学社会科学领域的博士后科研流动站、工作站及广大博士后，征集代表博士后人员最高学术研究水平的相关学术著作。征稿长期有效，随时投稿，每年集中评选。征稿范围及具体要求参见《文库》征稿函。

　　联系人：宋　娜　主任
　　联系电话：01063320176；13911627532
　　电子邮箱：epostdoctoral@126.com
　　通讯地址：北京市海淀区北蜂窝 8 号中雅大厦 A 座 11 层经济管理出版社《中国社会科学博士后文库》编辑部
　　邮编：100038

经济管理出版社